AF221254

Carmen Schoen

Neue Mandanten gewinnen

Herausgeber:
SCHOEN Managementberatung

Bibliografische Information der
Deutschen Nationalbibliothek: Die Deutsche
Nationalbibliothek verzeichnet diese
Publikation in der Deutschen
Nationalbibliografie; detaillierte
bibliografische Daten sind im Internet
über http://dnb.dnb.de abrufbar.

© 2018 Ass.iur. Carmen Schön

Umschlagdesign: Manfred Gerlach
Herstellung und Verlag: BoD –
Books on Demand, Norderstedt

ISBN: 978-3-75288-897-3

Kapitel 1

Erfolgsfaktoren in der Mandantenakquise 11

Kapitel 2

Ihr inneres „Ja" zur Akquise und der Rolle als Geschäftsentwickler 29

Kapitel 3

Den Entscheidungsprozess des Mandanten verstehen 39

Kapitel 4

Ihre strategische Marktpositionierung 55

Kapitel 5

Akquise Werkzeuge richtig anwenden und sich Ziele setzen 95

Kapitel 6

Business Development in den eigenen Alltag integrieren 112

Kapitel 7

Die Kanzleipolitik beachten und sich neben dem (Leit-) Partner positionieren 121

Kapitel 1

Erfolgsfaktoren in der Mandantenakquise

Ist die erfolgreiche Mandantenakquise Begabung oder kann man lernen, Geschäft zu entwickeln? Spielt Glück bei der Umsatzgenerierung eigentlich eine Rolle? Und wieviel „Verkäufer" muss man als Anwalt sein, um Erfolg zu haben und dennoch seriös zu wirken? Bei vielen Anwälte hält sich hartnäckig das Gerücht, dass man zum „Rainmaker" geboren sein muss. Diese persönliche Eigenschaft oder auch Begabung ist bei einem Anwalt vorhanden, oder eben auch nicht, so heißt es.

Ich bin der ganz festen Überzeugung, dass jeder von Ihnen erfolgreich Mandate auf- und ausbauen kann, wenn er einige wesentliche Erfolgsfaktoren dabei berücksichtigt. Seit 12 Jahren berate ich Anwälte zum Thema Geschäftsentwicklung und habe erlebt, wie introvertierte Berufsträger sich plötzlich trauten, selbstbewusst auf Mandanten zuzutreten und strategisch geplante Akquise Bemühungen mit Mandaten belohnt wurden. Wie Anwälte anfingen, Spaß an der Geschäftsentwicklung zu entwickeln und das tägliche Business Development nicht mehr als Last und Pflicht, sondern positives Erlebnis empfanden.

Natürlich gab es auch den einen oder anderen Anwalt,

der keine Motivation in sich verspürte, nachhaltig Geschäft aufzubauen und feststellte, dass ihm die Expertenrolle mehr liegt. Diese (manchmal auch schmerzhafte) Erkenntnis führte dann bei diesen Kunden zur Eigenreflektion und dem Entschluss, sich ein anderes Karriereziel zu suchen.

Wenn Sie erfolgreich (eigenes) Geschäft generieren möchten, dann gehört Ihre Bereitschaft dazu, Business Development ab sofort nachhaltig zu betreiben, aus der Komfortzone zu treten, sich mit Gesprächstechniken auseinanderzusetzen und auf Menschen zuzugehen. Gerade die Lust auf Menschen, die Neugier und der Spaß an anderen Erfahrungen ist ein wesentlicher Erfolgsfaktor in der Akquise.

Nachdem Sie ein sehr anspruchsvolles Studium abgeschlossen haben und (fast) jeden Tag in den laufenden Mandaten intellektuell Höchstleistungen erbringen, sollte das Erlernen von Akquisetechniken für Sie machbar sein. Bevor wir aber inhaltlich einsteigen, möchte ich kurz erwähnen, dass dieses Buch keinesfalls den Anspruch auf Vollständigkeit erhebt. Es gibt unendlich viele individuelle Aspekte in der Mandantenakquise, die über Ihren Erfolg entscheiden. Mein Ziel mit diesem Buch ist es, Ihnen in strukturierter Form einige Ideen, Fragen und Anregungen mit auf den Weg zu geben, die Sie dabei unterstützen sollen, sich mit dem Thema weiter zu befassen. Vielleicht gelingt Ihnen das alleine oder mit Kollegen, möglicherweise wünschen Sie sich aber auch eine externe Unterstützung. Sollte letzteres der Fall sein, dann freue ich mich auf Ihren Anruf. Lassen Sie uns mit der Arbeit beginnen. Zunächst möchte Ich Ihnen die so genannten Erfolgsfaktoren für den Aufbau von eigenem Geschäft sehr gerne kurz vorstellen.

Ihr inneres „Ja" zur Akquise und der Rolle als Geschäftsentwickler

Beispiel:

Rechtsanwalt Dr. Cäsar ist seit vier Jahren Associate in einer Großkanzlei. Die Arbeit gefällt ihm sehr gut, er sitzt gerne an seinem Schreibtisch und vertieft sich in Rechtsfragen. Schon früh hat er festgestellt, dass er sehr gut alleine sein kann und das Arbeiten an den Akten für ihn sehr befriedigend ist. Er muss sich manchmal sogar dazu zwingen, mit Kollegen in der Kaffeeküche zu klönen oder gemeinsam Mittagsessen zu gehen.

Hin und wieder hat er die Chance, auch an Mandantengesprächen teilzunehmen. Auch das macht ihm Freude, wobei er sich danach auch sehr gerne wieder in seine Aufgaben vertieft. Er ist grundsätzlich der etwas introvertiertere Mensch, so würde er sich selbst beschreiben.

In dem letzten Personalgespräch hat sein Partner in gefragt, wo er sich selbst beruflich in drei bis fünf Jahren sieht. Und das es Zeit wäre, sich mehr um den Geschäftsaufbau zu kümmern. Dr. Cäsar ist mit dieser „Ansage" vollkommen überfordert. Unabhängig von der Frage, wo er die Zeit hernehmen soll spürt er bei dem Bild, auf andere Mandanten zuzugehen und diese nach Geschäft zu fragen, ein mulmiges Gefühl im Bauch. Er hat schließlich Jura studiert, um sich mit rechtlichen Fragestellungen auseinanderzusetzen und nicht, um als „Staubsaugerverkäufer" von Tür zu Tür zu ziehen. Dieses

Bild kommt ihm immer, wenn er an Mandantenakquise denkt. Was soll er tun? Muss er sich damit abfinden, dass er einfach kein Unternehmertyp ist oder kann er daran arbeiten?

Für ihn persönlich ist es auch durchaus akzeptabel, als rechtlicher Experte weiterhin sein Geld zu verdienen, wenn da nur nicht die Bewertung von außen wäre. Er hat selber mitbekommen, wie über Anwälte im Kollegenkreis gesprochen wird, die sich freiwillig entschieden haben, vom Partnertrack Abstand zu nehmen. Er möchte nicht als Anwalt dastehen, „der es nicht geschafft hat", daher möchte er sich unbedingt darum bemühen, dem Anspruch seines Partners gerecht zu werden.

Unser Denken bestimmt unser Handeln. Oder auch: Ihr Denken löst bei Ihnen ein bestimmtes inneres Gefühl aus, das dazu führt, dass Sie eine Handlung vornehmen oder eben auch nicht. Das bedeutet beim Aufbau neuer Mandanten folgendes:

Es ist wichtig, dass Sie mit einer positiven inneren Haltung an den Geschäftsaufbau bzw. die Mandantenakquise herangehen und Ihre Rolle als „Akquisiteur" und „Geschäftsentwickler" annehmen. Sie sind ab heute nicht mehr ausschließlich Wissensträger und Experte, Sie sind zusätzlich auch Unternehmer, der sich um den Aufbau und die Entwicklung der Kanzlei und der Mandate kümmert.

Das ist sicher nicht für jeden Menschen ein attraktives Ziel. Einige Anwälte entscheiden sich im Laufe Ihrer Ausbildung für die Experten-, und andere für die Generalisten Rolle. Allerdings stimmt das auch nicht so ganz, denn nur selten kann sich der Anwalt in einer

Kanzlei komplett auf das Management und die Akquise konzentrieren. Die fachliche Arbeit am Mandat wird auch auf Partnerebene erwartet und so kommt als angehender Partner neben dem Aufbau fachlicher Exzellenz das Thema Akquise hinzu. Und auch der Experte kann sich in einer Kanzlei nicht auf der fachlichen Arbeit „ausruhen", sondern soll und muss sich zumindest intern um die eigene Auslastung kümmern.

Akquise ist sehr zeitintensiv und erfordert gerade in den ersten Jahren des Geschäftsaufbaus ein zusätzliches Investment. Es ist Ihre alleinige Entscheidung, ob Sie dazu bereit sind. Mandantenakquise kann sehr spannend und anregend sein. Sie gewinnen oder verlieren ein Pitch und erhalten direktes Feedback. Sie machen sich unabkömmlich und ein Stück „unantastbar". Gute Akquisiteure und Geschäftsenwickler sind in jeder Kanzlei gesucht.

Jedoch gibt es auch Anwälte, die sich aufgrund ihrer persönlichen Eigenschaften und Stärken gar nicht vorstellen können, Mandate weder in- noch extern zu akquirieren. Anwälte, die sich sehr schwer tun, mit anderen Menschen (Mandanten) in den Kontakt zu treten um sich selbst und seine Leistungen darzustellen und sich auch nach mehreren Trainings und Coachings diese Tätigkeit nicht vorstellen können. Viele meiner Kunden bevorzugen das Arbeiten am Mandat und genießen es, so wenig wie möglich Zeit mit Netzwerken, Vorträgen und dem Veröffentlichen von Artikeln zu verbringen. Sollte das bei Ihnen auch der Fall sein, dann rate ich Ihnen, sich frühzeitig zu überlegen, ob Sie sich neue Verhaltensweisen aneignen möchten oder es einen anderen Weg gibt, in der Kanzlei Mandate zu akquirieren. Der ein oder andere Anwalt hat vielleicht das Glück, einen bald ausscheidenden Partner „zu beerben" und muss sich daher zunächst gar nicht so sehr mit dem Aufbau von eigenem Geschäft beschäftigen. Wenn Sie zu dem Fazit kommen, dass Sie nicht an Ihrer Persönlichkeit und Ihren Stärken Richtung Außenauftritt und Akquise arbeiten möchten, dann ist es sinnvoll, sich möglicherweise nach alternativen Positionen in einer Kanzlei umzusehen oder aber sich einen anderen juristischen Wirkungskreis zu suchen. Zwar wird es auch als Unternehmensjurist darum gehen, auf sich selbst und seine Leistungen aufmerksam zu machen, der direkte Umsatzdruck ist dort aber in juristischen Positionen nicht vorhanden.

Das Unternehmer Gen ist Voraussetzung für eine Position in der Partnerschaft. Das gleiche gilt in Unternehmen. Ohne Managereigenschaften keine Position an der Spitze. Aber auch Kanzleien befinden sich im Wandel: War bislang die Anwaltstätigkeit (bis zur Partnerwerdung) immer an den Aufbau eigenen Geschäfts geknüpft, wird vielleicht auch dieses Modell sich zukünftig verändern. Auch wenn das aktuell kaum vorstellbar ist, mag es zukünftig vielleicht auch reine Managementpositionen an der Spitze geben, die mit Anwälten besetzt sind.

Halten wir also fest, dass Erfolgsfaktor Nummer eins in Sachen Mandantenakquise eine positive und offene Haltung zum Geschäftsaufbau ist. Sollte das bei Ihnen nicht der Fall sein, werfen Sie nicht gleich die „Flinte ins Korn". An der inneren Einstellung und Haltung kann man durchaus erfolgreich arbeiten. Meistens gelingt dieses aber nicht alleine. Hier kann sich ein Coaching durchaus lohnen. Diese Arbeit nennt man „das Arbeiten an den eigenen inneren Glaubenssätzen und Dogmen". Diese bilden sich bei uns bereits in der Kindheit heraus und werden von uns meistens unreflektiert das ganze Leben hindurch mitgetragen. Ganz egal, ob sie uns bereichern oder blockieren. Insofern kann es sinnvoll sein, einmal kurz inne zu halten und die eigene Haltung und Einstellung ganz genau zu reflektieren.

Den Entscheidungsprozess des Mandanten verstehen

Beispiel:

Rechtsanwältin Dr. Lenz hat gerade ein wichtiges Mandat verloren. Seit drei Jahren ist ihr Mandant - so schien es ihr bis vor kurzem - immer sehr zufrieden mit ihrer Leistung gewesen. Insofern ist sie völlig irritiert, dass er für sie völlig überraschend den Berater gewechselt hat.

Von einem ihrer Kollegen, der ihren Mandanten gut kennt, hat sie nun erfahren, dass dieser ihre Beratung nicht mehr individuell auf ihn zugeschnitten und zeitgemäß empfindet. Im Unternehmen des Mandanten hat sich mittlerweile so viel verändert, dass auch der Beratungsprozess sich weiter entwickeln muss. Da der Mandant, so berichtet er dem Kollegen, Frau Dr. Lenz als nicht fragend und nicht wirklich flexibel wahrgenommen hat, ist seine Entscheidung, einen anderen Berater zu engagieren, gefallen. Der Mandant konnte sich nicht vorstellen, so hört Frau Dr. Lenz, mit ihr in ein Kritikgespräch einzusteigen, da er sie als konfliktscheu wahrnimmt.

Viele Berater neigen dazu, sich mehr mit rechtlichen Fragestellungen, sich selbst und ihrem Angebot zu beschäftigen, als sich in die Kunden bzw. Mandanten hineinzuversetzen. Und so ist es typisch, dass viele Anwälte berichten, was sie alles können und wo ihre Stärken liegen, als zunächst zu verstehen, wo der Mandant eigentlich Bedarf hat. Voraussetzung für eine erfolgreiche Geschäftsentwicklung ist aber genau dieser Rollentausch.

Es wäre sinnvoll, wenn Sie sich ab heute konsequent immer in die Sorgen, Nöte, Herausforderungen und Probleme Ihrer Mandanten versetzen und sich konsequent die Frage stellen, was Sie für ihn tun können. Diese Frage sollten Sie sich nicht nur in der Akquisephase stellen, sondern auch während und nach einem Mandat. Prozesse beim Mandanten verändern sich, Attribute des Anwalts werden je nach Zeitgeist unterschiedlich bewertet und gesucht. Unternehmen führen neue Auswahlverfahren von Beratern ein. Das alles sollten Sie im Blick haben und sich entsprechend aufstellen.

Ihre strategische Marktpositionierung

Beispiel:

Rechtsanwalt Ruth ist seit fünf Jahren als Senior Associate für eine Berliner Kanzlei tätig. Sein Ziel ist es, in die Partnerschaft aufzusteigen. Aktuell kann er (über seinen Partner) pro Jahr ca. EUR 500.000 abrechnen.

Sein Partner versorgt ihn täglich gut mit Arbeit, so dass er das Umsatzziel für angehende Partner von ca. 700.000 bald erreichen sollte.

In einem Personalgespräch eröffnet ihm nun aber sein vorgesetzter Partner, dass er sich so langsam mal Gedanken machen solle, wie er eigenen Umsatz aufbauen möchte. Die aktuellen EUR 500.000 würden ihm bis auf einen kleinen Teil nicht zugerechnet werden. Anwalt Ruth hat damit gerechnet, dass sein Partner ihm einen Großteil der Umsätze abtreten und die Mandatsführung umschreiben würde, wenn er in das Partnerverfahren tritt. Das wäre aus seiner Sicht nur fair, denn diese Mandate sind seit seiner Übernahme wesentlich gewachsen und dieser Erfolg ist ganz alleine auf ihn zurückzuführen.

Er ist gerade absolut irritiert und fühlt sich schlecht von der Kanzlei informiert. Wie soll er es in seiner Seniorität schaffen, kurzfristig mehrere Hunderttausend EUR Umsatz aufzubauen? Seine Enttäuschung und Verbitterung ist so groß, dass er ernsthaft überlegt, die Kanzlei zu wechseln. Leider hat er aber bislang kein transportables Geschäft, so dass er auch in einer anderen Kanzlei als Senior Associate von vorne anfangen müßte. Das ist für in aber gar nicht vorstellbar. Hätte er in den Karrieregesprächen mit dem Partner früher klarere Fragen gestellt, dann würde er heute woanders stehen, da ist er sich ganz sicher. Auch wenn sein Partner seine klaren Fragen möglicherweise nicht beantwortet hätte, wäre auch dieses ein deutliches Signal für ihn gewesen.

Ein weiterer wichtiger Erfolgsfaktor für den Aufbau eigenen Geschäfts ist Ihre klare und strategische Markt-positionierung. Und das ist als angehender Unternehmer eindeutig Ihre Aufgabe. Die Kanzlei bietet Ihnen ein professionelles Arbeitsumfeld und Auftreten, die Ideen müssen aber von Ihnen kommen. Ich erlebe viele Rechtsanwälte, die darauf warten, dass ihr Partner bzw. die Kanzlei ihnen einen Vorschlag präsentiert, in welchem Markt sie sich positionieren sollten. Wenn Sie Glück haben, arbeiten Sie mit einem Partner oder Mentor zusammen, der sich Zeit nimmt, mit Ihnen gemeinsam über Ihr Geschäftsmodell nachzudenken. Und der bereit ist, in sich anbahnenden Gesprächen mit potentiellen Mandanten den „Silberrücken" zu bieten, Ihnen dennoch danach das Geschäft aber als Akquisiteur überläßt. Das wäre sicher die beste Option.

Da Sie sich Ihren Partner und Mentor nur bedingt aussuchen können, sollten Sie darauf nicht warten. Wenn es sich nicht so entwickelt wie beschrieben, dann werden Sie selbst tätig! Wenn es in Ihrem Bereich und mit Ihrer Expertise nicht möglich ist Geschäft ohne die engagierte Unterstützung Ihres Partners aufzubauen, dann sollten Sie ernsthaft darüber nachdenken, ob ein in- oder externer Wechsel sinnvoll ist.

Denken Sie bitte strategisch darüber nach, was Sie anbieten möchten und ob es in Ihrem Bereich nachhaltig Bedarf Ihrer Mandanten gibt. Und machen Sie sich auch darüber Gedanken, mit wem Sie in der Kanzlei kooperieren könnten, um gemeinsam Geschäft zu machen. Nicht jeder Anwalt wagt den Blick „über den Tellerrand". Viele Berufsträger tauschen sich in Kanzleien leider viel zu selten aus um genau zu verstehen, was die Kollegen tun und wie sich gegenseitigen in Beratungsmandaten ergänzen und befruchten könnten. Dabei liegt das Geschäft oftmals direkt vor Ihnen und mit nur wenig Investment würden Sie und Ihr Kollege den Umsatz vervielfachen können.

Es ist so naheliegend und auch verständlich, einfach das zu tun, was man immer schon gemacht hat. Das kann sinnvoll sein, birgt aber die Gefahr in sich, dass das Geschäft sich verändert oder Sie in Ihrer Rolle als abarbeitender Associate „hängen" bleiben. Gerade auch durch Digitalisierung wird sich die anwaltliche Beratung in den nächsten Jahren transformieren. Einiges wird wegfallen oder standardisiert werden, Dienstleistungen werden hinzukommen und attraktives neues Geschäft versprechen.

Nicht selten gibt es Fälle, in denen Ihr Ansprechpartner das Unternehmen verlässt und der neue Leiter Recht oder Geschäftsführer seine eigene Kanzlei „mitbringt". Auch so kann Ihr Geschäft von einem Tag auf den anderen wegfallen. Kein Businessplan kann dieses zu einhundert Prozent vermeiden. Bei der Ausarbeitung einer strategischen Marktpositionierung werden Sie aber viele dieser Faktoren und Komponenten schon mit einbeziehen, entsprechend bewerten und beantworten. Eine starke, bekannte und begehrte Marke für einen Bereich schützt Sie immer davor, nicht (sofort) austauschbar zu sein und hilft Ihnen, sich gegen potentielle Wettbewerber durchzusetzen. Jeder von Ihnen kann sich eine sinnvolle Marktpositionierung erarbeiten, wenn er sich die richtigen Fragen stellt. Das werden wir in den weiteren Kapiteln gemeinsam tun.

Akquise Werkzeuge RICHTIG anwenden

Beispiel:

Frau Dr. Mos ist seit sechs Jahren Senior Associate in einer Münchner Kanzlei. Früher dachte sie, dass es für den Geschäftsaufbau sinnvoll sei, Fachvorträge zu halten. Mittlerweile stellt sie aber fest, dass sich nach den Vorträgen kein Geschäft entwickelt. Dieses Thema hat sie bei einem Partner der Kanzlei, Herrn Dr. Theis, angesprochen. Dr. Theis ist einer der umsatzstärksten Anwälte der Kanzlei und macht sein Geschäft fast ausschließlich über Vorträge. In dem Gespräch gibt er ihr das Feedback, dass er beobachtet hat, wie sie Vorträge hält und es ihn nicht wundert, dass sich daraus kein Geschäft entwickelt. Sie macht aus seiner Sicht einige grundlegende Fehler.

Ihre Folien sind überfrachtet, der Stil des Vortrages ist sehr monoton. Hinzu kommt, dass Dr. Mos ungern Blickkontakt mit den Zuhörern hält. Das führt dazu, dass in dem Raum spätestens nach 15 Minuten Langeweile eintritt und kaum einer mehr zuhört. Das ist hart festzustellen, aber Realität. Frau Dr. Mos weiß noch nicht so genau, was sie mit diesem Feedback anfangen soll. Macht es Sinn, an ihren Präsentationsfähigkeiten zu arbeiten oder sollte sie sich lieber ein anderes Akquisemittel suchen?

Viele Netzwerke aufbauen, Präsentationen halten, Artikel schreiben und veröffentlichen. Die Akquise Werkzeuge wiederholen sich doch immer und es gibt nicht das eine Instrument, das für Sie alle erfolgreich sein wird. Es ist aus meiner Sicht und Erfahrung aber auch nicht zwingend notwendig, origineller und innovativer zu sein als alle anderen. Verzweifelt suchen so viele meiner Kunden nach dem usp (unique selling proposition), sprich dem Alleinstellungsmerkmal. Wenn Sie eines haben, dann ist das sicher wunderbar.

Allerdings reicht es völlig aus, am Markt einfach nur mit einem Thema nachhaltig präsent zu sein und gute Arbeit zu leisten. Machen Sie Ihre Mandanten erfolgreich und geben Sie ihnen das Gefühl, dass Sie sie verstehen und mit hohem Engagement und Professionalität in allen Themen unterstützen. Auch so werden Sie Ihre Mandanten an sich binden können.

Dennoch können die Akquise Instrumente von vielen Anwälten noch effektiver und effizienter eingesetzt werden. Auch hierüber werde ich Ihnen in diesem Buch einiges berichten und Ihnen Tipps an die Hand geben, die sich in der Praxis bewährt haben.

Business Development in den eigenen Alltag integrieren

Beispiel:

Dr. Mann, Senior Associate in einer Hamburger Kanzlei hat soeben das Feedback erhalten, dass er sich mehr

um seine bestehenden Mandanten kümmern soll. Zusätzlich wird von ihm erwartet, externe Veranstaltungen wahrzunehmen, um neue Mandate für die Kanzlei zu akquirieren.

Dr. Mann weiß gerade gar nicht, was er mit dieser Ansage anfangen soll. Sein Partner erwartet von ihm jeden Tag mindestens acht abrechenbare Stunden. Das ist neben verwaltenden Aufgaben für ihn schon jetzt kaum zu schaffen. Zusätzlich soll er sich nun auch noch um Mandanten kümmern, essen gehen etc.. Er nimmt die Nachricht auf, weiß aber schon jetzt, dass er in dieser Kanzlei mit der aktuellen Erwartungshaltung Business Development nicht in seinen Alltag integrieren kann. Er ist ja durchaus bereit, sich zeitlich zu engagieren, aber es muss sich alles in einem realistischen Rahmen halten. Er spricht seinen Partner darauf an und bittet ihn, die täglichen abrechenbaren Stunden zu reduzieren. So würde er Zeit für die Geschäftsentwicklung haben. Leider verwirft sein Partner diese Idee sofort und weist darauf hin, dass er Associates in seiner Praxisgruppe nicht ungleich behandeln möchte.

Eigenes Geschäft und Mandate aufzubauen wird nicht von heute auf morgen möglich sein. Der Wettbewerb ist groß und die meisten Mandanten haben ihre favorisierten Berater und Ansprechpartner in Kanzleien bereits gefunden. Insofern benötigen Sie einen langen Atem.

Das setzt voraus, dass Sie sich ab heute regelmäßig um das Thema Geschäftsaufbau kümmern müssen. Und auch hieran scheitern viele Rechtsanwälte. Das hat sicher verschiedene Gründe, die auch nicht alle durch die Anwälte selbst aufzulösen sind. Daher sollten Sie sich am Ende des Tages auch die Frage stellen, ob Sie in Ihrer aktuellen Kanzlei weiter kommen können.

Wenn nicht gleich Erfolg eintritt, ist es nicht so attraktiv aus der eigenen Komfortzone zu treten und trotzdem seine Akquise Bemühungen voranzutreiben. Und an Arbeit mangelt es den meisten Anwälten nicht. Ihre Herausforderung wird also sein, den Geschäftsaufbau in den Alltag zu integrieren und „dran" zu bleiben. Das setzt voraus, dass Sie sich regelmäßig Zeitfenster erarbeiten, um sich um Business Development kümmern zu können. Das ist gerade in der Rolle des Senior Associate oder Salary Partners sehr anspruchsvoll, denn es wird von Ihnen erwartet, dass Sie Ihre Auslastung hoch halten und parallel eigenes Geschäft aufbauen. Das gelingt Ihnen am besten, wenn Sie früh anfangen, sich ein belastbares Netzwerk aufzubauen. Zu diesem Thema kommen wir später.

Die Kanzleipolitik beachten und sich neben dem (Leit-) Partner positionieren

Beispiel:

Rechtsanwältin Ode ist versprochen worden, den Partnerprozess durchlaufen zu dürfen. Eigener stabiler Umsatz, guter Kontakt mit den Mandanten und ein professionelles Auftreten ist ihr mehr als einmal bestä-

tigt worden. Dennoch hat sie seit einigen Wochen das Gefühl, dass ihr Partner sie in dem Prozess als Mentor nicht mehr richtig unterstützt. Auf Fragen weicht er aus und auch sonst scheint sich das Verhältnis abgekühlt zu haben. Sie kann sich sein Verhalten überhaupt nicht erklären.

Da sie auf den Partner als Fürsprecher angewiesen ist, macht ihr das große Sorgen. Möglicherweise hat es damit zu tun, dass ein neuer Senior Associate in das Team gestoßen ist und der Partner sich mit diesem deutlich besser zu verstehen scheint. Liegt es daran, dass es sich „von Mann zu Mann" einfach besser sprechen läßt oder warum genau verbringt er lieber Zeit mit ihm? Eigentlich hält sie von diesen ganzen Diversity Themen wenig und hat selbst bislang noch nie erlebt, dass sie benachteiligt wurde, weil sie Frau ist. Sie mag diesen Gedanken auch gar nicht weiter zulassen, da es einfach keinen Unterschied machen darf. Und wenn das der Fall sein sollte, dann wird sie dafür kämpfen, dass sie dieses „Bild" im Kopf ihres Partners verändert.

Als angestellter Anwalt sind Sie kein Einzelunternehmer und müssen in Ihrem Tun immer die Kanzlei beachten. Die meisten von Ihnen werden Ihr Geschäft sicher unter dem Dach einer mittleren oder größeren Kanzlei aufbauen.

Insofern wird Ihr Erfolg immer auch davon abhängen, ob die Kanzlei, Ihre Praxisgruppe und Ihr Partner Sie in Ihrem Vorhaben unterstützt. Das wird dann der Fall sein, wenn Ihre Marktidee in die Strategie der Kanzlei und Praxisgruppe passt, Sie keinem anderen Anwalt

„auf die Füße treten" und Ihre Art und Persönlichkeit für die Kanzleikultur stimmig ist. Auch wenn diese Faktoren Ihnen klar sind, ist es für den einen oder anderen von Ihnen sicher nicht einfach, auf diese Fragen auch eine konkrete Antwort zu erhalten. So manche Kanzlei tut sich schwer damit, hier klare Aussagen zu treffen. Sei es, weil die Antwort tatsächlich noch nicht klar ist oder aber man einfach den anstehenden Konflikt oder auch die Absage nach hinten schieben bzw. ihr völlig aus dem Weg gehen möchte. Auch das ist durchaus verständlich, da der Partner sehr daran interessiert ist, ein laufendes System nicht zu verändern und die entsprechenden Umsätze nicht gefährden möchte. Bedenken und beobachten Sie also immer genau, was genau die Intention Ihres Partners ist und ob es - ausgesprochen oder auch unausgesprochen - untereinander ein „fairer Deal" ist, auf den Sie sich einlassen möchten.

Zusätzlich fällt es vielen Associates und Counseln schwer, sich aus der eigenen Rolle des „abarbeitenden Experten" in die Rolle des „zukünftigen Unternehmers" zu entwickeln. Insbesondere neben dem Leitpartner bzw. Praxisgruppenleiter, der bis heute „Kopf" und Experte nach außen ist und für bestimmte Themen steht. Keiner von Ihnen möchte dem Partner „auf die Füße treten" oder ihm das Gefühl geben, ihm Geschäft weg zunehmen, das eigentlich ihm zustehen würde.

Auf der anderen Seite ist Ihnen auch klar, dass Sie sich abnabeln müssen und Themen mit Ihrem Namen am Markt verknüpfen müssen, um wirklich eigenes Geschäft aufzubauen. Diese Abnabelung vom dem Leitpartner setzt voraus, dass beide (Partner und Associate) ihre Rolle verändern. Auch das klappt in Kanzleien mal mehr und mal weniger gut. Vielleicht ist Ihr Partner mit diesem Rollenwechsel aber durchaus einverstanden, nur wird es weder von ihm, noch von Ihnen direkt angesprochen. Keiner weiß so richtig, was genau das eigentlich bedeutet und wie sich die Verhaltensweisen und Arbeitsweisen verändern müssen und werden. Gerade diese nicht kommunizierten gegenseitigen Gedanken und Gefühle führen oft dazu, dass Missverständnisse und Enttäuschungen entstehen. Da aber auch diese vielfach nicht angesprochen und diskutiert werden, kann es unterschwellig zu Spannungen oder auch Entfremdung führen. Jeder arbeitet in seinem Bereich, der Kontakt wird immer geringer, der Partner konzentriert sich nun auf andere Associates, da er die Entwicklung seines Partnerkandidaten als unbefriedigend empfindet.

Der Partnerkandidat ist frustriert und fühlt sich alleine gelassen. Keine gute Voraussetzung, eigenes Geschäft aufzubauen und erfolgreich zu sein.

Kapitel 2
Ihr inneres „Ja" zur Akquise und Rolle als Geschäftsentwickler

Was genau ist Ihr erster Gedanke, wenn Sie daran denken, neue Mandanten zu akquirieren? Welche Sätze fallen Ihnen als Erstes ein? Stehen Sie dem Ganzen positiv oder eher kritisch gegenüber?

Hier einige Beispiele, mit welchen Gedanken viele Anwälte in die Akquise starten:

- **Der Mandant denkt bestimmt, dass ich nicht genug Mandate habe und ich dem Geschäft hinterherlaufen muss, da ich nicht erfolgreich bin.**

- **Wie unangenehm, was ich tue, das ist wie der typische Staubsaugerverkäufer an der Haustür und ich fühle mich richtig schlecht dabei.**

- **Wenn jetzt das Mandat kommt, weiß ich gar nicht, wie ich es personell besetzen soll. Wir sind sowieso unterbesetzt und können neues Geschäft in dem Team gar nicht „stemmen".**

- **Ich komme nicht gut in ein Gespräch und weiß nicht, wie ich Small Talk einsetze. Außerdem ich es mir sehr unangenehm, mich über banale Themen zu unterhalten.**

- **Ich fühle mich unsicher, mich selbst und meine Leistungen zu präsentieren. Wenn ich das tue habe ich die Befürchtung, als „Angeber" bewertet zu werden.**

- **Ich bin viel zu jung, Mandanten werden sich mit mir noch gar nicht über Geschäft unterhalten. Daher kann ich noch gar keine Akquise betreiben.**

Viele Anwälte sind auch einfach damit überfordert, die richtigen und passenden Worte zu finden, um Mandanten auf „neues" Geschäft anzusprechen und schweigen daher lieber. Als Jurist möchte man es richtig machen und Fehler vermeiden. Insofern machen viele einen großen Bogen um Themen, die sie „noch" nicht beherrschen.

Ihre Haltung bestimmt Ihre Ausstrahlung

Nun können Sie sich aber sicher gut vorstellen, dass Ihre eigene Ausstrahlung im Mandantengespräch nicht die beste ist, wenn Sie mit diesen Sätzen im Kopf bzw. Ohr das Gespräch beginnen.

Da sich unsere Stimmung sofort in körpersprachlichen und stimmlichen Signalen ausdrückt, wird der Mandant schnell wahrnehmen, dass es Ihnen unangenehm ist. Sicher kennen Sie das ein oder andere aus der eigenen Erfahrung. Sie stehen aufrechter und fühlen sich stärker, wenn Sie über ein fachliches Thema referieren, in dem Sie Experte sind. Ihre Körperspannung, -haltung und auch Stimme verändert sich, wenn Sie sich dagegen ungenügend, klein und fremd in der Situation fühlen.

Diese Unsicherheit bzw. Unklarheit wird sich auf den Mandanten übertragen. Auch er wird nicht mehr Ihre Stärke, sondern Schwäche wahrnehmen und Sie daher nicht als den attraktivsten Berater empfinden. Denn als Berater sind SIE das Produkt und die Dienstleistung. Woran sonst soll der Mandant sich bei seiner Auswahl halten?

Oft erlebe ich Anwälte, denen man an ihrer Körpersprache und Mimik sofort ansieht, wie unwohl und überflüssig sie sich zum Beispiel beim Small Talk und Socialising fühlen. Damit möchte ich aber nicht sagen, dass Ihre Einstellung und Haltung zum Thema Mandantenakquise falsch ist. Es gib hier kein falsch oder richtig. Ihr Gefühl kann nie falsch sein. Allerdings hat Ihre Haltung und Einstellung unmittelbar Wirkung auf die Art und Weise Ihrer Ausstrahlung.

Beispiel:

Rechtsanwältin Mühe hat die Aufgabe bekommen, sich nach einer Veranstaltung, die in der eigenen Kanzlei stattfindet, mit einigen Mandanten zu unterhalten. Sie findet derartige Situationen einfach nur unangenehm und unnatürlich. Was soll sie sich lange über das Wetter und sonstige Themen mit Mandanten unterhal-

ten, die sie überhaupt nicht interessieren. Bislang hat sie sich immer erfolgreich vor diesen Veranstaltungen drücken können. Das scheint aber leider nicht mehr möglich zu sein.

Sie stellt sich immer vor, dass der Mandant von ihr nur genervt ist und seine Ruhe haben möchte. Ihr würde es auf jeden Fall so gehen, wenn sie Leiterin einer Rechtsabteilung wäre. Daher geht sie nach dem Vortrag auch lieber zu zwei ihrer Kollegen und unterhält sich mit denen, als sich den Mandanten auf zu drängeln. Den beiden Kollegen scheint es ähnlich zu gehen. Auch diese wirkten zuvor völlig verloren in dem Konferenzraum und laufen nun im kollegialen Austausch zur Höchstform auf.

Am nächsten Tag trifft sie den Praxisgruppenleiter, der ihr klar und deutlich zu verstehen gibt, dass er sehr enttäuscht von ihr ist. Gerade Frau Mühe, die immer offen und kommunikativ wirkt, hat er anders eingeschätzt. Frau Mühe verläßt mit mulmigen Gefühl das Büro. Sie stellt fest, dass sie sich bald entscheiden muss, welchen Weg sie einschlagen möchte und was sie bereit ist, dafür zu tun. Vielleicht wäre eine Position als Unternehmensjuristin oder im Staatsdienst für sie geeigneter. Da muss man sich zumindest nicht permanent präsentieren, so ihre Vorstellung. Aber die Freiheit und auch Arbeit als Anwältin gefällt ihr einfach so gut, dass sie sich einen Wechsel aktuell überhaupt nicht vorstellen kann.

Wie lautet Ihr positiver Glaubenssatz?

Wenn es Ihnen gelingen sollte, mit einer positiven Haltung in das Akquise Gespräch zu gehen, dann wird Ihr Mandant Sie ganz anders erleben und wahrnehmen. Ihre Ausstrahlung wird offener und positiver sein, Ihre Mimik, Haltung und Gestik wird darauf hindeuten, dass Sie sich sehr darauf freuen, einen neuen Menschen kennenzulernen. Stimmlich werden Sie Selbstbewusstsein und Stärke verkörpern. Sie werden insgesamt ein attraktiver Gesprächspartner sein, mit dem man gerne seine Zeit verbringen möchte.

Ich will nicht behaupten, dass es leicht ist, seit Jahrzehnten manifestierte Glaubenssätze und Dogmen in seinem Kopf zu verändern und aufzulösen. Diese so genannten hindernden oder auch hemmenden Glaubenssätze sind nicht leicht zu bändigen. Aber es ist durchaus möglich.

Was könnten fördernde Glaubenssätze sein, die Ihre Ausstrahlung offener erscheinen lassen? Einige meiner Kunden denken zum Beispiel:

- **Ich helfe meinem Mandanten, ein Problem zu lösen und erhalte danach oftmals sehr gutes Feedback.**

- **Ich mache nur ein Angebot und der Mandant darf dann entscheiden, mit wem er arbeiten möchte. Vielleicht ist mein Angebot für ihn ja gerade das Richtige und ich kann ihn erfolgreicher machen oder ihm Pro-**

bleme abnehmen.

- **Klappern gehört zum Handwerk.**

- **Tue Gutes und rede darüber.**

- **Im Vergleich zu Kollegen anderer Kanzleien stelle ich immer wieder fest, dass ich Mandanten häufig eine noch bessere Leistung anbieten kann.**

- **Fachlich gute Leistung zu erbringen reicht für den Erfolg nicht aus. Es ist sehr wichtig, sich am Markt auch zu zeigen, damit die Mandanten von mir Kenntnis nehmen können.**

- **Akquise macht mich frei. Je mehr Mandanten mich kennen, desto häugfiger erhalte ich Anfragen.**

- **Wenn ich jetzt viel Zeit in Akquise stecke und eine gute Arbeit leiste, dann werde ich unter Mandanten weiterempfohlen und muß mich aktiv für die Geschäftsentwicklung gar nicht mehr so einsetzen. Das entlastet mich.**

Was immer Sie zum Thema Mandantenakquise denken ist richtig, bestimmt aber Ihre Ausstrahlung und Wirkung. Insofern sollte Ihr Ziel sein, einen starken, authentischen und positiven Glaubenssatz zu finden, der Sie beflügelt, Akquise Gespräche gern zu führen.

Sollten Sie an diesem Thema arbeiten möchten, dann setzen Sie sich bitte realistische Ziele. Dogmen, Haltung und Glaubenssätze haben sich über Jahre/Jahrzehnte in uns manifestiert. Wir können Sie (meistens) nicht von heute auf morgen ändern. Es wird eine Weile Training brauchen, bis Sie einen Glaubenssatz aufgelöst haben oder Ihren Fokus verändern können.

Aber ich kann aus eigener Erfahrung sagen, dass es sich lohnt, dran zu bleiben. Ich erinnere mich sehr gut an meine eigenen ersten Akquise Schritte. Ich kam aus der Position einer Leiterin Recht und startete in die Selbständigkeit mit zunächst keinem Kunden – kaum vorstellbar, aber wahr. Daher war ich in den ersten Jahren darauf angewiesen, schnell Kontakt zu potentiellen Interessenten aufzubauen. Hierzu habe ich unter anderem das Telefon genutzt.

Bei meinen ersten Akquise Telefonaten war ich äußerst froh und glücklich, dass mein Kunde nicht erreichbar war. So konnte ich ein Häkchen setzen (habe versucht, ihn zu erreichen), musste mich aber nicht mit seinem Feedback und seiner Reaktion auseinandersetzen. Natürlich wusste ich selbst, dass ich es mir gerade „schön rede", denn der Erfolg blieb zunächst auch aus. Nach viel Training und Übung kann ich mir derartige Situationen heute gar nicht mehr vorstellen. Ich gehe offen und gespannt in jedes neue Akquise Gespräch und freue mich darauf, neue Menschen kennenzulernen. Nachdem mir dieser „Switch" im Kopf gelungen ist, stellte sich auch der Erfolg in der Akquise ein.

Arbeiten Sie in den nächsten Tagen bzw. Wochen doch bitte einmal ganz bewusst an Ihrer Einstellung. Wenn Ihnen das nicht alleine gelingt, dann melden Sie sich gerne und wir suchen gemeinsam nach Ihren positiven Glaubenssätzen in Sachen Geschäftsaufbau.

Sich selbst in die richtige „Akquise Stimmung" bringen

Beispiel:

Rechtsanwältin Sellmer hat gerade einen Akquisekurs besucht. Eigentlich ist das Thema für sie nicht wirklich interessant. Sie hat aber verstanden, dass Sie sich darum kümmern muss, wenn sie in der Kanzlei weiterkommen möchte.

Ihr Plan lautet, jeden Freitag vormittag eine Stunde Mandanten aktiv anrufen, von denen sie schon länger nichts mehr gehört hat. Auch wenn sie das persönliche Gespräch bevorzugen würde, ist das der für sie einzige realistische Weg, überhaupt etwas in Sachen Akquise zu tun. Sie ist seit einem Jahr Mutter und versucht gerade, die anwaltliche Tätigkeit und Familie „unter einen Hut" zu bekommen. Schließlich hat sie sich vorgenommen, sich von ihrer Mutterrolle nicht karrieremäßig stoppen zu lassen. Sie möchte neben dem Kind, dem Abarbeiten ihrer bestehenden Mandate auch eigenes Geschäft weiter aufbauen. Da sie noch nicht zu 100% wieder arbeitet, hat sie am Freitag nur einen halben Tag. Gegen 14.00 verläßt sie dann die Kanzlei und läutet das Wochenende ein. Obwohl sie sich von 10.00-11.00 den Termin für Akquisegespräche im Kalender geblockt hat, kommen ihr immer wieder andere Dinge dazwischen. Da sie aber nicht bereit ist, ihren Akquisetermin komplett fallen zu lassen, telefoniert sie mit Mandanten mit einem innerlich stark empfundenen Druck. Sie bemerkt selbst an sich, dass sie fahrig ist, schlecht zuhört und den Mandanten am Telefon immer wieder unterbricht, wenn es ihr nicht schnell genug geht. Wahrscheinlich ist sie gerade nicht die freundlichste Gesprächspartnerin.

Leider ergeben sich aus diesen Telefonaten keine weiteren Mandate. Vielleicht liegt es an ihrer Stimmung am Telefon? Ob der Mandant wahrnimmt, dass sie eigentlich weder Lust noch Zeit hat, mit ihm zu telefonieren?

Zugegeben, nicht jeder von uns hat jeden Tag Lust, zu akquirieren. Es gibt Tage, da ist man einfach sehr mit sich oder einem Mandat beschäftigt. Man ist gestresst, müde und kaputt und schafft es einfach nicht, gut gelaunt auf andere zuzutreten. Und selbst mit großer Diszilpin bekommt man es nicht hin, sich in ein anderes Gefühl zu versetzen. Der Arbeitsdruck macht einem einfach zu schaffen.

Wenn es Ihnen so geht, dann sollten Sie an diesen Tagen keine Akquise betreiben. Denn diese Stimmung kann einfach nur dazu führen, dass ihr Mandat bemerkt, dass sie nicht ganz für ihn da sind oder sie inadäquat im Gespräch oder Telefonat agieren, zum Beispiel unterbrechen, bevormunden oder nervös sind. Meistens hält sich diese Stimmungslage nicht über Wochen, daher ist es gar kein Problem, wenn sie einfach einmal lustlos sind und sich nicht auf einen anderen Menschen einstellen möchten. Reflektieren Sie aber doch einmal, was genau Sie brauchen, um an den Akquise Tagen in ein Gefühl zu kommen, das Ihnen ermöglicht, diese Taten mit einer offenen und positiven

Grundhaltung anzugehen. Vielleicht entdecken Sie dennoch die ein oder andere Erfolgsstrategie, die Sie anwenden können.

Kapitel 3

Den Entscheidungprozess des Mandanten verstehen

Beispiel:

Rechtsanwältin Ode arbeitet seit vielen Jahren mit den Compliance Managern in Unternehmen zusammen. Mittlerweile hat sie sich in dem Bereich etablieren können. Allerdings muss sie sich leider eingestehen, dass diese Menschen ihr immer noch ein wenig fremd sind. Hin und wieder bekommt sie Situationen mit, die sie absolut irritieren und die sie ganz anders eingeschätzt hätte. Da sie ihre Zielgruppe nicht so richtig versteht, macht ihr das mittlerweile auch etwas Angst. Irgendwie fühlt sich das Geschäft nicht wirklich stabil an. Vielleicht sollte sie sich etwas mehr mit den internen Strukturen und Verfahren in Complianceabteilungen in Unternehmen beschäftigen. Sinnvoll wäre das sicher, aber was soll sie tun, wenn sie dazu keine Lust hat und diese sich auch nicht entwickeln wird? Compliance ist nicht wirklich eine Herzensangelegenheit von ihr. Irgendwie ist sie da mehr oder weniger zufällig rein gerutscht, da sie in diesem Segment vor einigen Jahren Geschäft entwickelt hat.

Kommen wir nun zum Entscheidungsprozess des Mandanten. Wie geht Ihr Mandant bei der Suche nach einem passenden Berater vor? Wo sucht er einen Anwalt? Welche Fragen stellt er sich und was treibt ihn an? Welche Attribute eines Anwalts sind für ihn wichtig? Und was könnte ihn ermuntern, seinen Berater auch einmal zu wechseln und mit Ihnen zusammen zu arbeiten? Können Sie diese Fragen heute bereits beantworten?

Diese Fragen sollten Ihre zukünftigen Leitgedanken sein, mit denen Sie sich regelmäßig beschäftigen. Je besser Sie Ihren Mandanten verstehen, desto zielgerichteter werden Sie ihn ansprechen können. Aber wie genau gelingt es Ihnen, dieses herauszufinden, um Ihre Strategie danach auszurichten?

In vielen Unternehmen ist es üblich, so genannte „Personas" zu entwickeln, bevor Produkte in den Markt gebracht werden. Dieses Vorgehen eignet sich, um ganz sicher zu sein, dass die Zielgruppe auch erfasst und verstanden worden ist. Was genau ist aber eine Persona?

Die Persona stellt einen Prototyp für eine bestimmte Gruppe von Mandanten dar, die konkrete Eigenschaften und Nutzungsverhalten beschreibt. Können Sie auf Anhieb in nur wenigen Worten das Nutzungsverhalten bzgl. anwaltlicher Tätigkeit Ihrer Mandanten beschreiben? Was genau ist ihnen wichtig und was treibt sie an? Was überzeugt diese Menschen und was macht sie glücklich und zufrieden?

Vielleicht ist es eine gute Idee, dass Sie für Ihre Mandantengruppe genau so eine Persona einmal definieren. Möglicherweise machen Sie das gemeinsam mit dem Team, um noch weitere Ideen aufnehmen zu können. Das setzt natürlich voraus, dass Sie ganz genau wissen, wen Sie ansprechen möchten und wer Ihnen in den Unternehmen Geschäft verschaffen kann. Haben Sie die Struktur und das Organigramm verstanden? Auf dieses Thema kommen später in diesem Buch zurück.

Ihr Mandant hat ein Problem erkannt

Am Anfang eines jeden Beratungsauftrages steht ein Problem bzw. eine Herausforderung des Mandanten, das er nicht alleine bewältigen kann oder möchte. Schön wäre es natürlich, wenn Ihr Mandant sein Problem noch gar nicht erkannt hat, Sie ihn in einem Gespräch aber darauf aufmerksam machen. Das setzt voraus, dass Sie seine Themen und Herausforderungen kennen, den Markt genau beobachten und ständig mit ihm in Kontakt sind und sich austauschen. Das können Sie sicher nicht bei jedem Mandanten leisten. Daher ist es sinnvoll, Key Accounts aufzubauen, über die wir später noch sprechen werden.

Der „Erste" mit einer neuen Beratungsidee zu sein hat natürlich den Charme, dass sich vor Ihnen in der Reihe noch kein anderer Berater befindet. Aber natürlich können Sie auch hier nicht sicher sein, dass der Mandant Ihre Idee dankend entgegennimmt, sie dann selbst umsetzt oder seinem Berater zuspielt und Sie in das Projekt nicht einbindet.

Das wird hin und wieder vorkommen, sollte Sie aber nicht daran hindern, aktiv Ideen einzubringen. Vielleicht werden Sie mit der Zeit bei dem ein oder anderen Mandanten einfach etwas vorsichtiger.

Wenn Sie Interesse haben, noch näher an Ihrem Mandanten dran zu sein, dann stellen Sie sich doch einmal die folgenden Fragen:

- **Kennen Sie die Herausforderungen Ihrer Mandanten oder derjenigen, die für Sie zukünftig interessant sind?**

- **Haben Sie das Geschäftsmodell verstanden? Wie genau funktioniert es? In welchen Bereichen treten rechtliche oder steuerliche Fragen auf?**

- **In welcher Form können Sie sich über dieses Geschäftsfeld regelmäßig Informationen beschaffen? Wer könnte Ihnen dabei behilflich sein?**

- **Welche täglichen Herausforderungen hat er zu meistern? Was ist das besondere an seiner Position? Muss etwas in der Beratung beachtet werden?**

- **Welche (individuellen) Wünsche hat er in einem Mandatsprozess? Welche Berater präferiert er?**

- **Gibt es persönliche Karriereziele Ihres Mandanten, die Sie in der Beratung beachten sollten oder die Sie** sogar fördern können? Wie genau machen Sie das?

- Was können Sie zukünftig tun, um noch näher an Ihrem Mandanten und seinem Geschäftsbereich dran zu sein?

Beispiel:

Rechtsanwalt Selmmer war und ist ein Mensch, der sich für andere interessiert. Kollegen nennen ihn manchmal auch das „Trüffelschwein". Es liegt ihm, mit Mandanten ins Gespräch zu kommen und er findet es sehr spannend zu erfahren, was genau diesen gerade beschäftigt. Er hört gerne zu und wundert sich manchmal, dass so wenige seiner Kollegen den Mandanten Fragen stellen und dann auch genau hinhören.

Es vergeht kaum ein Gespräch mit einem Mandanten, ohne das er nicht schon wieder eine Idee hat, was er diesem als Beratung anbieten kann. Dabei kommt er freundlich und verbindlich rüber, Mandanten schätzen seine ehrliche Art und Weise und sein Interesse. Aber es ist nicht nur seine Art, Fragen zu stellen und zuzuhören, die ihn erfolgreich macht. Abends, am Wochenende oder in freien Stunden am Tag beschäftigt er sich mit den Märkten seiner Mandanten. Das kann er natürlich nicht für jeden leisten. Er hat sich aber auf zwei Mandanten „eingeschossen", die großes Potential haben, weiter zu wachsen und es sich abzeichnet, dass es viele rechtliche Fragestellungen zu klären gibt. Da möchte er natürlich gerne dabei sein und versucht sich in die „Pole Position" zu bringen. Seine Nähe zum Markt wird ihm von seinen Mandanten auch immer wieder als hoch professionell und angenehm wider-

gespiegelt. Er scheint auf dem richtigen Weg zu sein.

Die Suche nach einer professionellen Lösung

Ihr Mandant wird nach einer Lösung seines Problems suchen. Hierbei spielen aber nicht nur fachliche Erwägungen eine Rolle. Neben der fachlichen Expertise eines Beraters wird Ihr Mandant darauf achten, ob das Auftreten der Anwalts zum Inhalt passt und ihn überzeugt, der Berater ihm sympathisch ist und auch seine internen politischen Themen und Stolpersteine erkannt hat.

Er sucht nach einem Rechtsanwalt, der ihn exkulpiert und in seinem Bereich und Unternehmen erfolgreich macht oder zumindest so aussehen läßt. Nicht ganz unwesentlich ist dabei natürlich auch die Frage, ob das Budget passt. Was ist ihm die ganze Sache wert? Wieviel ist er bzw. das Unternehmen bereit, dafür auszugeben? Welche Honorarmodelle sind für ihn intern im Unternehmen darstellbar?

Es gilt also zunächst, „im Kopf" des Mandanten aufzutauchen, wenn er sich mit gewissen Fragen beschäftigt und die Hinzuziehung eines Anwalts erwägt. Dafür müssen Sie bei ihm präsent sein. Entweder besteht bereits ein Kontakt, den Sie regelmäßig erneuern und auffrischen oder Sie erscheinen auf den Plattformen, die der Mandant nutzt, um sich über die aktuellen Angebote zu informieren.

Das ist die Antwort auf die Frage, warum professionelles CRM (Client Relationship Management) sinnvoll und unabdingbar ist. Wie sonst wollen Sie sicherstellen, dass Sie bei Ihren Mandanten präsent sind und er sich an Sie sofort erinnert, wenn es Fragen rund um Ihren Beratungsbereich gibt? Überlegen Sie daher bitte einmal:

- **Wie genau können Sie mit Ihrem Mandanten im guten Kontakt bleiben, auch wenn aktuell kein Mandat ansteht?**

- **Wo genau informiert sich Ihr Mandant über rechtliche Angebote?**

- **Auf welchen Plattformen sucht er nach erfolgreichen und passenden Beratern?**

- **Welche dieser Plattformen möchten Sie zukünftig nutzen, um sich als Marke zu präsentieren?**

- **Was genau brauchen Sie, um sich hier weiter zu engagieren und bekannt zu machen?**

- **Wie genau sollte Ihre Botschaft und Angebot lauten, damit Sie von Ihrem Mandanten als attraktiver Berater wahrgenommen werden?**

Der Vergleich zwischen den Angeboten

Wenn Ihr Mandant scheinbar passende Anbieter gefunden hat, wird er diese vergleichen und sich für das interessanteste und attraktivste Angebot entscheiden. Was aber genau ist das attraktivste Angebot für Ihren Mandanten? Welche Attribute sind ihm bei einer rechtlichen bzw. steuerrechtlichen Beratung wichtig und in welcher Art und Weise erfüllen Sie dieses?

Da der neue Mandant Sie nicht „testen" kann, ist es wichtig zu überlegen, in welcher Art und Weise Sie bestimmte Eigenschaften und Attribute verkörpern können. Man spricht in diesem Fall von den so genannten „Physical Facilities", den Ersatzattributen. Über Kleidung, Auftritt, Art und Weise der Kommunikation und auch Statussymbole können Sie als Berater versuchen, dem potentiellen Mandanten ein gutes und richtiges Gefühl zu vermitteln.

Hier noch einmal eine kurze Erinnnerung, welche Attribute bei Anwälten und Steuerberatern Mandanten wichtig sind:

- **Fachlich exzellent und erfahren**

- **Persönlich überzeugend**

- **Erreichbar und engagiert**

- **Versteht den Bedarf und berät individuell**

- **Versteht die wirtschaftlichen und politischen Zusammenhänge in- und extern**

- **Kommuniziert verständlich und zeitnah**

- **Ist bereit, sich auch kritischen Themen zu stellen**

- **Verlangt ein angemessenes Honorar**

Sind das auch die Kriterien, die Ihren Mandanten wichtig sind? Und wenn ja, was genau tun Sie, um diese zu verkörpern bzw. schon in einer Präsentation oder Pitchunterlagen zu transportieren?

Wenn Sie über diese Information heute noch nicht verfügen, dann sprechen Sie mit Ihren Bestandsmandanten und hören aufmerksam zu. Es ist keine Schande, einem Mandanten klar die Frage zu stellen, was ihm in der Beratung wichtig ist und wie er Berater auswählt. Ganz im Gegenteil, Sie zeigen dem Mandanten, dass Ihnen seine Gedanken und Wünsche wichtig sind.

Ihr Mandant wählt einen Berater aus

Beispiel:

Rechtsanwalt Zock ist ein Meister des Verkaufs. Da er sich in Menschen bzw. Mandanten sehr gut einfühlen kann, weiss er immer schnell, worauf diese Wert legen. Seine Unterlagen sind daher meistens brilliant und sehen sehr professionell aus. Er bekommt schnell viele Termine, um sich und sein Team vorstellen zu dürfen.

Leider hört an dieser Stelle aber meistens sein Erfolg auf. Obwohl er auch in den Gesprächen und Pitches sein Bestes gibt und professionell auftritt, gehen die

Mandate häufig an andere Berater. Diese sind oftmals deutlich unscheinbarer als er und machen keine so gute „Show". Darüber ärgert er sich sehr.

Ihm ist zu Ohren gekommen, dass viele Menschen ihn als nicht „echt" empfinden. Er versucht alle Bedürfnisse der Mandanten zu befriedigen, dieses scheint aber als nicht authentisch und glaubwürdig herrüberzukommen. „Zu viel Show", so sagt man. Dieses Feedback gibt Herrn Zock zu denken. Bislang dachte er immer, dass seine Pflicht sei, die Bedürfnisse des Mandanten zu befriedigen und so zu sein, wie er es sich wünscht. Natürlich kann er dann nicht immer authentisch sein, denn einige Attribute und Eigenschaften kann er einfach nicht erfüllen. Echt zu sein würde bedeuten, sich bei einigen Mandaten gar nicht mehr bewerben zu dürfen. Ist das der richtige Weg?

Sie kommen in die nähere Auswahl und der Mandant wählt nun einen Berater aus. Dazu findet vielleicht ein persönliches Gespräch oder ein Pitch statt, in dem Sie sich zeigen und überzeugen dürfen. Nun gilt es, die Attribute und Eigenschaften (Ihr Versprechen), die Sie in den Unterlagen oder Telefonaten gegeben haben, auch zum Leben zu erwecken. Haben Sie ein eingespieltes und gut miteinander kommunizierendes Team versprochen, dann muss dieses jetzt auch auftreten. War und ist dem Mandanten ein engagiertes und kreativer Berater wichtig, dann müssen Sie diese Eigenschaften nun auch im Gespräch zeigen.

Insofern ist es sehr wichtig, dass Sie sich noch einmal klar machen, was genau dem Mandanten wichtig ist und wie genau Sie diese Wünsche erfüllen und beantworten möchten. Stellen Sie Ihr Team so zusammen, dass sich alle beschriebenen Eigenschaften bei den Associates widerfinden lassen. Auch wenn Sie sicher als Berater in der Lage sind, verschiedene Bedürfnisse des Mandanten zu beantworten, sollten Sie darauf achten, authentisch zu sein. Es wird sicher einige Menschen oder auch Anforderungen geben, die nicht zu Ihnen passen oder Sie in einer geforderten Art und Weise nicht bearbeiten können. Das sollte Sie zwar nicht daran hindern, sich auch dort um das Mandant zu bewerben. Dennoch ist die Wahrscheinlichkeit hoch, dass Sie nicht als präferiertes Berater gehandelt werden. Denn nicht die beschriebene, sondern die authentisch gelebte Leistung ist am Ende entscheidend bei der Auswahl des passenden Beraters.

Daneben ist es sehr wichtig, sich intensiv mit Ausstrahlung, Wirkung und Auftritt zu beschäftigen. Dieses Thema habe ich in der gleichen Buchreihe unter dem Titel „Auftritt und Wirkung" beschrieben. Wissen Sie, was einen starken und authentischen Auftritt ausmacht, wie Sie überzeugend herüberkommen und in einem Gespräch bzw. Präsentation überzeugen?

Hier nur ein kurzer Hinweis:

Nicht nur der Inhalt, auch die Art und Weise, wie Sie sich und Ihre Leistung darstellen, bestimmt Ihren Erfolg. Achten Sie also darauf, dass Sie sich nicht nur fachlich, sondern auch im Auftritt und Ihrer Wirkung weiterbilden. Ein guter Blickkontakt, eine offene Mimik, ein stabiler Stand und eine angemessene Gestik kann sehr zu Ihrem Erfolg beitragen.

So generieren Sie Leads

Wie wird ein (noch) unbekannter Kunde zu Ihrem Mandanten, welche Phasen durchläuft er und was können Sie tun, um diesen Weg zu beschleunigen?

Kurz zusammengefasst - Ihr potentieller Mandant ist zunächst ein Stranger (Fremder), wird dann im Akquise Prozess zu einem Visitor (Besucher) Ihres Angebotes und danach – wenn alles gut verläuft – zu Ihrem Client (Mandanten). Diesen Prozess unterstützen Sie, in dem Sie so genannte Leads generieren.

Was genau ist ein Lead? Im so genannten Vertriebsmarketing nennt man die erfolgreiche Kontaktanbahnung einen Dienstleistungsanbieter (also Ihnen) zu einem potentiellen Interessenten (also Ihrem Mandanten) die Generierung eines Leads. Wenn Sie neue Kontakte aufbauen möchten, sollten Sie sich zunächst die Frage stellen, wo genau Ihr potentieller Mandant, von Ihnen Kenntnis nehmen könnte. Wie kommt er das erste Mal mit Ihnen in Berührung? Wie sieht sein Verhalten aus?

Ganz allgemein gesprochen kann das durch Presse und Marketing Maßnahmen geschehen, durch Kontakte in einem gemeinsamen Netzwerk, Treffen auf Events oder Veranstaltungen, Social-Media-Kanälen oder durch das einfache „Googeln" im Internet, in das Sie die richtigen Keywords eingetragen haben (SEO=Search Engine Optimization). Es gibt viele Studien im Markt, die aufzeigen, wie genau der potentielle Mandant auf Sie aufmerksam wird. Als sehr erfolgreich haben sich

- **Die Anfertigung eines „White Papers" oder**

- **Einfach „sich selbst im Markt als Experte zu zeigen" (Thougth Leadership)**

herausgestellt. Das macht noch einmal deutlich, wie wichtig es ist, an der eigenen Anwalts Marke ICH zu arbeiten. Wirkungsvoll ist auch

- **Das Kontakten auf Events und Veranstaltungen, verbunden mit einer guten Unterhaltung und etwas Spaß und Entspannung.**

Auch gute Newsletter und hochwertige Broschüren sind durchaus erfolgreich, kosten allerdings viel Zeit in der Vorbereitung. Insofern sollten Sie immer gut abwägen, was Sie genau investieren möchten. Letztendlich müssen sich Ihre Marketingaktionen für Sie rechnen. Das können an diese Stelle nur generelle Tipps sein. Auf welchen Informationsplattformen Ihr Mandant genau unterwegs ist, weiß nur er - und idealerweise auch Sie. Insofern gilt es auch hier, Ihren Mandanten direkt zu fragen. Folgendermaßen könnte diese aussehen: „Lieber Mandant...

- **Auf welchen Plattformen informieren Sie sich über rechtliche Beratungsdienstleistung?**

- **Haben Sie unsere Kanzlei dort auch schon einmal wahrgenommen?**

- **Wenn ja, hat Ihnen unser Auftritt gefallen? Und mit was genau verbinden Sie unsere Kanzleimarke?**

- **Was genau überzeugt Sie im Auftritt eines Beraters?**

- **Nun sagen Sie mir gerade, dass aktuell es keinen Bedarf bei Ihnen gibt. Wie könnten wir den locker in Kontakt bleiben für den Fall, dass sich das ändert?"**

Definieren Sie auch, ob Sie den kurz-, mittel- oder langfristigen Erfolg suchen. An dieser Stelle kurz noch einmal der Hinweis. Kurzfristiges neues Geschäft ist in den meisten Fällen nur durch die Erweiterung bestehender Mandate, Aktivierung früherer Mandanten, internes Cross Selling oder durch Glück möglich. Die so genannte Kaltakquise - also die Ansprache fremder bzw. neuer Kontakte - ist eher der mittel- bis langfristige Weg. Hier gilt es zunächst Vertrauen aufzubauen und den entsprechenden Slot beim Mandanten abzuwarten.

Der Stranger=Fremde ist nun durch eine der oben genannten Marketingmaßnahmen auf Sie positiv aufmerksam geworden. Sie sprechen ein Thema an, das ihn beschäftigt und sind auch fachlich und persönlich überzeugend. Er interessiert sich für Sie als Berater und wird zum Visitor=Besucher. Er besucht Ihre Website, googelt Ihren Namen, liest sich Ihren Blog durch oder lädt Artikel, White Papers oder sonstige Veröffentlichungen von Ihnen herunter. Achten Sie daher sehr genau darauf, was im Netz über Sie vorhanden ist und ob dieses Profil das abbildet, was Sie einem potentiellen Mandanten über sich erzählen möchten. Natürlich muß auch Ihre Website zeitgemäß sein. Sollten Sie der Meinung sein, dass Social Media für Sie nicht die richtige Plattform ist, dann kann Ihr Marketing dennoch erfolgreich verlaufen. Sie nehmen sich durch die Entscheidung aber die Möglichkeit, schnell, kostengünstig und in digitaler Form auf Ihre Expertenstellung aufmerksam zu machen.

Kurz noch einmal zur Website:

Keine langen Texte, ansprechende Fotos und eine gute Farbgestaltung sind wichtig. Ärgern Sie sich nicht darüber, wenn genau das Ihre Kanzlei nicht berücksichtigt. Wenn Sie auf die Gestaltung der Website keinen Einfluss haben, sollten Sie versuchen, Ihren Auftritt im Internet auf anderen Plattformen wie z.B. Social Media zu optimieren.

Um den Besucher jetzt nicht mehr zu verlieren, versucht man über die Eintragung in den Newsletter oder in das Kontaktsystem seine Daten aufzunehmen. Insofern sollten Sie immer darauf Bedacht sein, neue Kontakte in der für Sie richtigen Form dauerhaft und mit Einverständnis des potentiellen Mandanten zu erfassen. Dabei muss ich Ihnen natürlich nicht erzählen, das die gültigen Datenschutzregeln zu beachten sind.

Die Qualifizierung von „Leads"

Für Sie als Anwalt ist insbesondere der Mandant interessant, den Sie im Rahmen einer Vortragsveranstaltung oder eines Frühstücksseminars erlebt hat. Sie kennen ihn bislang nur aufgrund seines Namens, der in der Liste der Teilnehmer eingetragen ist. Dieser Schritt der Qualifizierung ist für Anwälte gerade nach Vorträgen oder sonstigen fachlichen Veranstaltungen wichtig. Oftmals wird das vorhandene Potential an interessierten Mandanten nicht gut genug gehoben. Wie genau Sie einen Mandanten nach einem Vortrag ansprechen können, besprechen wir an der entsprechenden Stelle.

Noch ist dieser neue Kontakt für Sie nicht wirklich greifbar und eine so genannte „Blackbox". Im nächsten Schritt geht es jetzt darum, diesen Lead zu qualifizieren, um ihm passgenaue Beratungsangebote anbieten zu können. Dazu eignet sich am besten natürlich ein persönliches Gespräch oder ein Telefonat, in dem Sie Fragen stellen können und den potentiellen Mandanten persönlich mit seinen Zielen, Herausforderungen und Motiven verstehen und erleben können. Natürlich besteht aber auch die Möglichkeit, ihn über Print oder Mail anzusprechen, jedoch dann leider ohne direkte Rückkopplung. Da Mandanten heute viele Angebote von Beratern erhalten und meistens auch nicht wirklich akut auf der Suche sind - und Sie „noch" ein Fremder sind - darf es Sie nicht verwundern, wenn Sie auf eine E-Mail oder eine Postsendung keine Antwort von ihm erhalten. Er wird möglicherweise von dieser noch nicht einmal Kenntnis nehmen, je nachdem, wie seine Sekretärin mit der Zusendung fremder Nachrichten umgeht.

Kapitel 4

Ihre strategische Marktpositionierung

Beispiel:

Frau Dr. Voss ist Partnerin in einer Kölner Anwaltskanzlei. Da sie es in den letzten Jahren aufgrund der vielen Arbeit versäumt hat, sich im externen Markt bekannt zu machen, hat sie sich ein Ziel gesetzt.

So bemühte sie sich in den letzten Monaten darum, im Markt präsenter zu sein. Ihre Idee: der Besuch von insgesamt fünf Veranstaltungen, Engagement in zwei Netzwerken und die Veröffentlichung von drei Artikeln. Sie möchte ausprobieren, ob man zusätzliches Geschäft tatsächlich „auf die Sprünge" helfen kann. Denn bis vor kurzem war sie der festen Meinung, dass man einfach etwas Glück braucht, um neue Mandate zu generieren.

Und genau zu dieser Erkenntnis gelangt sie nun nach all ihren Aktionen auch zurück. Diese ganzen Veranstaltungen und Artikel haben sie wertvolle Zeit gekostet. Letztendlich ist daraus aber kein einziges neues Mandat erwachsen. Man kann Geschäft einfach nicht planen, das ist ihr klares Fazit.

Viel hilft viel. Uns so denkt der ein oder andere Anwalt, dass eine Akquise Strategie gar nicht nötig ist. Vielmehr gilt es, einfach bei Mandanten präsent zu sein und dann kommt der Akquise Erfolg schon ganz von allein. Richtig ist sicher, dass eine hohe Präsenz bei Mandanten die Wahrscheinlichkeit erhöht, neue Mandate zu erzielen (so genanntes Trichter Modell). Je mehr man oben in den Trichter hinein gibt, desto mehr kommt unten auch heraus.

Dennoch ist es sinnvoll, neben dem Glück auch etwas Strategie zur Geschäftsentwicklung zu betreiben. Es gibt unterschiedliche strategische Modelle, mit denen Sie sich Ihre Marktpositionierung erarbeiten können. Letztlich stellen alle Modelle ähnliche Fragen. Der wichtigste Aspekt in jeder strategischen Marktpositionierung ist aus meiner Sicht der Mandantenbedarf. Viele Anwälte beschreiben, was sie können und was sie immer schon beraten haben. Dabei achten nur wenige darauf, was genau ihr Mandant eigentlich gerade an Fragestellung hat und wofür genau er Geld ausgeben würde. Daher steht im Mittelpunkt der Akquise immer die so genannte Bedarfsermittlung, die Sie über eine konkrete Fragetechnik betreiben können.

Sicher haben Sie schon einmal Begriffe gehört wie „Sich in die Schuhe des anderen versetzen", „Sich auf den Stuhl des anderen setzen" etc. Das bedeutet nichts anderes, als den Bedarf des Zielmandanten in der Akquise Phase sauber herauszuarbeiten. Das können Sie nur dann erfolgreich tun, wenn Sie sich Zeit nehmen und mit geschickter Fragestellung und authentischem Interesse den Mandanten gegenübertreten. Beratungsprodukte von der Stange anbieten oder einfach nur zu präsentieren, was Sie tun, reicht heute nicht mehr aus.

Dazu ist der Wettbewerb zu stark und der Mandant mittlerweile gewohnt, dass sein zukünftiger Berater sich für ihn interessiert, gute Fragen stellt und aufmerksam zuhört. Alle Fragen, die wir nun zum Aufbau Ihres Business Cases gemeinsam durchgehen, müssen nicht zwingend in dieser Reihenfolge bearbeitet werden. Sie können auch mit einer anderen beginnen. Letztlich sollten die Fragen für Sie logisch miteinander verknüpft werden und aufeinander aufbauen.

Welche Zielmandanten möchten Sie erreichen?

Beispiel:

Herr Zoll ist sehr umtriebig. Es vergeht kaum ein Abend, an dem er nicht auf einem Netzwerktreffen ist. Rotary Club, Wirtschaftsrat und Golfclub - nur einige seiner fast wöchentlichen Kontaktpunkte. Aber obwohl er viel unterwegs ist und interessante Menschen kennt, will das Geschäft nicht so richtig wachsen. Oftmals wird er von Menschen auf Themen angesprochen, für die er rechtlich nicht verantwortlich ist. Also empfiehlt er Kollegen weiter. Da in seiner Kanzlei für die Weiterempfehlung bzw. Vermittlung von Geschäft keine wirkliche Vergütung vorgesehen ist und von den anderen Partnern eher seltener Geschäft an ihn abgespielt wird, stellt er seine aktuelle Akquisestrategie etwas in Frage. Möglicherweise ist er nicht Zielgruppen spezifisch genug unterwegs. Und in der Tat, er kann sich auch nicht wirklich entscheiden, in welchen Bereichen er Experte sein möchte. Er würde, ehrlich gesagt, fast jedes Mandant annehmen, das lukrativ ist und sich in die jeweilige Thematik einarbeiten.

Frau Droste verfügt über einen beeindruckenden Lebenslauf. Aufgrund ihrer Hochbegabung, Leistungssport und einem Studium in Harvard kennt sie viele interessante Menschen in machtvollen Positionen. Leider ist sie keine guten Netzwerkerin und so hat sie zu den meisten Menschen keinen Kontakt mehr. Fast zufällig kontaktiert sie hin und wieder die ein oder andere Person aus früheren Zeiten. Sie stellt sich die Frage, wie sie das Kontaktmanagement strategischer angehen könnte.

Starten wir also mit der Frage, welche Zielmandanten Sie ansprechen und erreichen möchten. Dazu ist es sinnvoll, dass Sie zunächst erst einmal alle Kontakte erfassen, über die Sie verfügen.

Das können Sie ganz einfach in einer Excel Tabelle tun oder aber mit Unterstützung eines so genannten CRM Tools. Client Relationship Software gibt es vielfältige am Markt. Letztlich muss das System zu Ihrem Ziel passen. Was also genau ist Ihr Ziel, wenn Sie sich für eine derartige Software entscheiden? Oder arbeitet Ihre Kanzlei bereits schon mit einer, dann sollten Sie diese auch nutzen, denn letztlich wird es für Sie darum gehen, sich mit Ihren Kollegen abzustimmen und zu vernetzen. Nicht erfasste und kommunizierte Mandantenkontakte können in der Kanzlei dazu führen, dass ein Mandant häufiger von verschiedenen Anwälten einer

Kanzlei angerufen oder angesprochen wird und sich die Frage stellt, ob die Kollegen einer Kanzlei eigentlich miteinander sprechen.

Gerade als Anwalt in einer größeren Kanzlei müssen Sie bedenken, dass attraktive Mandanten sicher nicht nur von einem Anwalt angesprochen werden. Insofern gilt es abzugleichen, wer zu wem Kontakt hat und wem welcher „Kontakt gehört". Was nützt es Ihnen, wenn Sie Geschäft mit einem Mandanten erweitern, dieses jedoch Ihnen für Ihren Business Case nicht zugerechnet wird?

Wenn Sie nun alle Kontakte in der z.B. Excel Tabelle erfasst haben, dann können Sie diese Kontakte bewerten. Mit welchen dieser Mandanten können Sie Ihr Geschäft ausbauen? Wo gibt es zusätzliche Optionen? Es ist immer einfacher, bestehende Mandanten auszubauen, als komplett neue kalt zu akquirieren. Wenn Sie allerdings zu dem Ergebnis kommen, dass alle aktuellen Mandanten „Ihrem Partner" gehören und dieser nicht bereit ist, (Teil)-Mandate mittelfristig an Sie abzutreten, dann müssen Sie – zumindest für eine angestrebte Partnerschaft – neue Mandanten aufbauen. Stellen Sie sich bei der Auswahl Ihrer zukünftigen Mandanten, mit denen Sie Geschäft machen möchten, bitte die folgenden Fragen:

- **Können Sie diese Mandanten „auf Augenhöhe" bedienen oder passt es noch nicht, da Sie zum Beispiel noch zu jung sind? Wenn Sie zu diesem Ergebnis kommen, wer noch könnte in Ihrem Alter Ihr Ansprechpartner in dem Unternehmen sein?**

- **Ist Ihre Praxisgruppe und Kanzlei so gut aufgestellt, dass Sie von diesen Mandanten als ernsthafter Dienstleister in Betracht gezogen werden?**

- **Haben Sie Spaß an diesen Mandanten? Motiviert Sie die Zusammenarbeit?**

- **Gefällt Ihnen das Geschäft, die Produkte und die Persönlichkeit des Mandanten?**

Nicht jeder Anwalt passt zu jedem Mandanten. Da gegenseitige Sympathie und Vertrauen die Grundlage ist, miteinander ins Geschäft zu kommen, sollten Sie auf jeden Fall vorab reflektieren, mit welchen Mandanten Ihnen der Kontakt am meisten liegt und auch, welche Mandantentypen mit Ihnen gerne und oft zusammenarbeiten. Hier noch ein kurzer Hinweis. Viele Anwälte denken bei Mandanten immer nur an „externe" Kunden. Möglicherweise ist es aber für Sie auch möglich, innerhalb Ihrer Kanzlei zu akquirieren und sich „Mandanten" aufzubauen. Vielleicht beraten Sie auch Mandanten von anderen Kanzleien, die über Ihr Expertenwissen nicht verfügen und Sie „einkaufen"? Auch dieses Geschäftsmodell könnte für Sie interessant sein.

Weniger ist mehr - der Aufbau von Key Accounts

Beispiel:

Herr Stolz hatte vor einigen Jahren ein furchtbares Er-

lebnis, über das auch er heute kaum noch sprechen kann.

Als er vor 10 Jahren in die Kanzlei kam, übernahm er einen Mandanten von einem ausscheidenden Partner. Dieser hat ihn rund um die Uhr beschäftigt und sehr gut ernährt. Hin und wieder gab es parallel kleineres Geschäft, das er durch einen angestellten Anwalt abarbeiten ließ. Vor vier Jahren kam dann der große Absturz. Das Unternehmen, das Herr Stolz jahrelang beraten hatte, entschied sich für eine andere Kanzlei. Die Gründe dafür sind Herrn Stolz bis heute nicht klar. Von 1,5 Millionen Umsatz pro Jahr fiel er auf EUR 100.000 zurück. Herr Stolz kann gar nicht beschreiben, in welchen Gefühlsschwankungen er sich zu diesem Zeitpunkt befunden hat.

Besonders schwer war es für ihn, darüber zu sprechen. Er war einer der Vorzeigepartner in der Kanzlei und diese Rolle gewohnt. Von heute auf morgen so tief zu fallen, war mit seinem Bild für ihn nicht vereinbar. Und so zog er sich immer weiter zurück. Es hat auch einige Wochen gedauert, bis er sich seiner Frau anvertrauen konnte. Auch zuhause war er gewohnt, der smarte und erfolgreiche Anwalt zu sein. Und seine Frau sonnte sich sehr gerne in diesem Bild. Natürlich versuchte er nach dem ersten Schock, neues Geschäft aufzubauen, jedoch stellte sich das schwieriger dar als er dachte.

Heute geht es ihm wieder gut. Es sind zwar nicht mehr die 1,5 Millionen Umsatz, aber eine knappe Million bekommt er am Ende des Jahres zusammen. Sein Fazit lautet, nie auf nur ein oder zwei große Mandate setzen, sondern das Risiko zu streuen. Das ist zwar immer leichter gesagt als getan, da auch der aktuelle große Mandant ihn zeitlich sehr fordert. Dennoch achtet er ganz bewusst darauf, auch weiteres Geschäft daneben aufzubauen. So tief wie vor einigen Jahren möchte er nicht mehr fallen.

Sie sollten Ihr Geschäft immer auf mehrere Mandanten verteilen. Klassischerweise unterscheidet man A, B und C Mandanten bzw. Mandate.

„A" Mandanten sind die großen, umsatzträchtigen oder auch diejenigen, mit denen Sie heute noch keinen großen Umsatz machen, die das Potential aber zu deutlich mehr haben. Multiplikatoren und spannende Netzwerkkontakte fallen ebenfalls darunter. „A" bedeutet gleichzeitig, dass Sie sich zeitmäßig ganz besonders um diese Mandanten kümmern sollten. Wie genau Sie das tun können, besprechen wir unter dem Kapitel Akquise Werkzeuge.

„B" Mandanten sind so etwas wie das „Brot und Butter Geschäft". Sie sind treu und garantieren Ihnen einen regelmäßigen Umsatz, der stabil, aber zahlenmäßig deutlich hinter den „A" Mandaten liegt. Auch ist der weitere Ausbau von Geschäft zunächst nicht zu erwarten.

„C" Mandanten sind solche, die Ihnen ab und an kleines Geschäft verschaffen, das aber nicht nennenswert ist. Möglicherweise haben Sie dort auch Stundensätze vereinbart, aus denen Sie heute herausgewachsen sind. „C" Mandanten sind insofern für Sie heute eigentlich zu vernachlässigen und hindern Sie vielleicht sogar daran, weiteres Geschäft mit „A" und „B" aufzubauen.

Sie sollten drei bis maximal fünf Key Accounts („A" Mandate aufbauen) und den Rest des Geschäfts mit „B" Mandanten machen. Wie viele „B" Mandate Sie betreuen, hängt von der Betreuungsintensität der Mandate ab. Vielleicht sind es ca. 10-20 weitere kleinere Umsatzträger,.

Welchen Bedarf haben Ihre Mandanten? Wo „drückt" der Schuh?

Beispiel:

Dr. Voss ist Partner in einer mittelständischen Kanzlei in Hannover. Bis vor kurzem hat er von den so genannten Soft Skill Seminaren nichts gehalten. Der Begriff besagt es ja schon - nicht wirklich harte Erfolgsfaktoren für den Anwaltsberuf. Da die Kanzlei aber ein Training mit einer externen Beraterin gebucht hat und er mit gutem Beispiel für die Associates voran gehen möchte, hat er sich das Thema „Fragetechniken" einige Stunden „angetan". In der ersten Stunde war er sehr skeptisch und der vollen Überzeugung, dass er Gespräche mit Mandanten optimal führt und nichts mehr dazu lernen kann.

Dann wurde ein kleines Rollenspiel durchgeführt und jeder konnte sich in einem Video betrachten. Dr. Voss würde es anderen gegenüber zwar nicht so genau ausdrücken, aber sein eigener Auftritt hat ihn erschüttert. Er ist fest davon ausgegangen, dass es einer seiner Stärken ist, dem Mandanten viele Fragen zu stellen und aktiv zuzuhören. In dem Video musste er allerdings erkennen, dass er selbst fast die ganze Zeit spricht und der Mandant zuhören muss.

Eines ist ihm dabei klar geworden - hieran muss er dringend arbeiten. Er hat sich dafür schon einen Coach gesucht, um dieses Thema in geschützter Atmosphäre reflektieren zu können.

Der beste und sicher auch erfolgreichste Anwalt ist sicher derjenige, der den Beratungsbedarf seines Mandanten erkennt, bevor der Mandant diesen selber feststellt. Das setzt voraus, dass Sie sehr eng mit Ihrem Mandanten vernetzt sind und das Geschäft bzw. Unternehmen inhalieren. Da dieses sehr zeitintensiv ist, können Sie dieses sicher nur bei Ihren „A" Mandanten, den Key Accounts, leisten.

Wie genau bekommen Sie aber heraus, welchen Bedarf Ihr Mandant aktuell hat und wofür er Geld ausgeben würde? Meine Antwort lautet – fragen Sie einfach! Natürlich können Sie das ein oder andere antizipieren. Wenn zum Beispiel ein Gesetz verändert wird, kann dieses bedeuten, dass Verträge, AGBs etc. überarbeiten werden müssen. Und wenn Ihr Mandant dieses nicht inhouse abdeckt, besteht die große Wahrscheinlichkeit, dass er sich von einem Anwalt unterstützen lassen möchte. Ist dieses aber gerade nicht der Fall und Sie planen auch nicht mit einem neuen Beratungsprodukt in den Markt zu gehen, dann sollten Sie regelmäßig das Gespräch mit Ihrem (potentiellen) Mandanten suchen.

Wie genau Sie diese Gespräche führen und welche kommunikativen Fallstricke Sie umgehen sollten, beschreibe ich in dem Buch „Erfolgreich Mandantengespräche führen", das in der gleichen Reihe erschienen ist. Nur so viel vorab: Wenn Sie Informationen von Ihrem Mandanten erhalten möchten, dann sollte Ihre Frage immer mit einem „W" beginnen.

Diese so genannten offenen Fragen sorgen dafür, dass Ihr Mandant über eine sinnvolle Antwort nachdenkt und Sie wertvolle Informationen erhalten. Ihr wichtigstes Ziel in der Mandantenakquise ist daher, den Bedarf Ihrer Zielmandanten zu (er)kennen. Versetzen Sie sich immer wieder konsequent in seine Lage, sorgen Sie dafür, dass Sie seine Arbeitsweise und seine internen Aufträge im Unternehmen kennen und stellen Sie sich dann die Frage, wie genau Sie ihm bei dieser Herausforderung helfen und unterstützen können. Bieten Sie ihm Ihre Leistung aktiv an.

Welche Produkte möchten Sie zu welchem Preis anbieten?

Wie können Sie sich vom Wettbewerb abheben?

Beispiel:

Rechtsanwältin Meyer erzählt sehr gerne über sich und ihre Leistungen. Mit Mandanten in Kontakt zu kommen ist für sie gar kein Problem. Ganz im Gegenteil, sie muss darauf achten, dass sie nicht zu viel erzählt. Kollegen haben ihr schon einmal das Feedback gegeben, dass sie durch ihre etwas blumige Art zu sprechen manchmal ihre eigene Aussage verwässert. Oftmals weiss man als Zuhörer gar nicht, was genau sie eigentlich sagen möchte. Insofern bleibt auch nicht „hängen", in welchen Beratungssegmenten sie Expertin ist. Ihr selbst ist das bislang gar nicht aufgefallen.

Da Frau Meyer gehört hat, dass es gut ist, sich als Rechtsanwältin von anderen abzuheben, betont sie in Gesprächen mit Mandanten dieses immer besonders. Ehrlich gesagt, weiss sie gar nicht so recht, was sie so besonders macht, da auch andere Kollegen ihre Leistung ähnlich gut darstellen können. Wenn es aber so wichtig ist, ein Alleinstellungsmerkmal aufzuweisen, dann macht sie das gerne. In einigen Gesprächen mit Mandanten bemerkt sie immer, dass beim Thema „was sie besonders macht" der Mandant anfängt zu schmunzeln. Das verwirrt sie immer etwas, aber sei es drum, bislang scheint diese Methode immer erfolgreich zu sein.

Rechtsanwalt Ertl ist gerade dabei, seinen eigenen Business Case zu entwickeln. Dabei stellt er sich auch die Frage, welche Beratungsdienstleistungen er anbieten möchte. Eigentlich liegt das ganz klar auf der Hand. Das, was er kann und seit fünf Jahren berät. Allerdings ist in diesem Beratungsbereich vor einigen Monaten gerade ein anderer Kollege Partner geworden und so, wie er es wahrnimmt, ist nicht genug Geschäft vorhanden, um mit dem gleichen Case noch einen zweiten Partner in der Praxisgruppe zu machen.

Sein Fazit - er muss sich ernsthaft überlegen, ob er in seinem Beratungssegment bleiben möchte und bereit ist, die Kanzlei zu wechseln, die in diesem Bereich noch Bedarf hat.

Eine andere Lösung wäre es, den Schwerpunkt zu verlagern. Das würde allerdings dazu führen, das er sich in den nächsten ein bis zwei Jahren neues Fachwissen aneignen muss und insofern der Partnerprozess sich für ihn nach hinten verlagern würde. Keine einfache Entscheidung.

Anwälte beginnen die Erarbeitung Ihrer Marktpositionierung mit der Auflistung Ihrer Stärken und Fähigkeiten. Natürlich ist es wichtig, dass Sie das anbieten, was Sie auch wirklich können, denn nur so bieten Sie eine Spitzenleistung an. Dennoch sollten Sie sich immer zusätzlich die Frage stellen, ob hier auch der Beratungsbedarf des Mandanten besteht. Denn was nützt Ihnen das tollste Fachwissen und Produkt, wenn Ihre Zielmandanten damit nichts anfangen können oder genau in diesen Bereichen mit anderen Beratern zusammenarbeiten.

Sie als Anwalt sind in der Lage, sich schnell professionell auch in naheliegende Rechtsgebiete einzuarbeiten und diese Ihren Mandanten anzubieten. Viele meine Anwaltskunden stellen mir immer wieder die Frage, was genau ein Anwaltsprodukt eigentlich ist und wie neu und innovativ es eigentlich sein muss. Ich rate Ihnen, sich von dem Gedanken zu trennen, dass Ihr Beratungsprodukt einmalig sein muß.

Es reicht vollkommen aus, wenn Sie eine Beratung anbieten, die vom Mandant benötigt wird und Sie dafür im Markt bekannt sind. Am besten sollten Sie bekannter sein als Ihr Wettbewerb. Wenn Sie gerade dabei sind, noch einmal zu überprüfen, welche Beratungsprodukte Sie anbieten bzw. wofür genau Sie im Markt bekannt werden möchten, dann sollten Sie sich die folgenden Fragen stellen:

- **Haben Sie in diesem Bereich Erfahrung oder können Sie diese kurzfristig aufbauen?**

- **Haben Sie Freude an diesem Beratungsbereich (Ihre Ausstrahlung ist wichtig)?**

- **Gibt es in Ihrer Kanzlei bzw. Praxisgruppe „noch Platz" in diesem Beratungssegment?**

- **Ist Ihre Kanzlei für diese Beratungsprodukte eine Marke bzw. gelingt es Ihnen, diese Marke für diese Bereiche aufzubauen?**

- **Sind Ihre Produkte zukunftfähig? Denken Sie bitte hier an das Thema Digitalisierung**

- **Ist der Mandant bereit, das von Ihnen angestrebte Honorar zu zahlen?**

- **Und letztlich – wie bereits erwähnt – hat Ihr Zielmandant in diesem Beratungsbereich überhaupt Bedarf bzw. wird sich dieser entwickeln?**

Das sind viele Fragen, die Sie für sich zunächst einmal reflektieren sollten. Die Verneinung einer dieser Fragen muss nicht automatisch bedeuten, dass das Beratungsprodukt für Sie nicht in Frage kommt. Das muss sicher im Einzelfall genau überprüft werden.

Ich persönlich würde mehr Energie darauf verwenden, diese Fragen zu beantworten und mich weniger um den Wettbewerb und deren Abgrenzung kümmern. Wobei ein Blick auf den Wettbewerb durchaus helfen kann, zu reflektieren, was dieser anders macht und wie genau seine Erfolgsstrategie lautet. Wettbewerber wird es immer geben. Daher muss es für Sie heißen, einfach bekannter am Markt für das Thema zu sein als Ihre Konkurrenten. Und das werden Sie dann sein, wenn Sie mit den richtigen Marketing- und Akquise Mitteln den Markt erobern. Ihr Mandant wird Sie als Berater wählen, wenn die Grundsympathie stimmt, Sie seinen Bedarf erkannt haben und zielgerichtet beantworten und Ihre Arbeitsleistung nachhaltig exzellent ist – und das Honorar marktangemessen ist.

Um zu Rechtsanwältin Meyer zurück zu kommen. Sie müssen nicht zwingend ein Alleinstellungsmerkmal besitzen. Es ist einen Tatsache, dass Berater in vielen Bereichen austauschbar sind. Zumindest deren fachliche Expertise. Die persönliche Art und Weise, wie Sie an Themen heran gehen und beraten, bleibt dabei aber einzigartig. „Langweilen" Sie Ihren Mandanten daher nicht mit Basisfaktoren in der Beratung, die Sie als Alleinstellung darstellen, das macht Sie eher angreifbar als stark. Der Mandant hat meistens einen sehr guten Marktüberblick und weiss genau, wo er was bekommt und wer sich womit abhebt.

Wenn Sie aber tatsächlich auch fachlich über ein unique selling point verfügen sollten, dann nutzen Sie diesen bitte auch. Stellen Sie den Punkt besonders heraus und machen Sie an Beispielen klar, was genau der Mandant davon hat. Ein Alleinstellungsmerkmal ist nur dann für Ihren Mandanten spannend, wen er ihm auch einen Mehrwert bietet.

Werden Sie für maximal drei Produkte bekannt

Beispiel:

Rechtsanwalt Moll ist Partner in einer mittelständischen Kanzlei. Zur Zeit ist in der Kanzlei das Thema Vernetzung und Cross Selling ganz aktuell. Jeder Anwalt soll in Bereichen, in denen er nicht Experte ist, an Kollegen das Geschäft abgeben. Herr Moll findet diese ganze Maßnahme absolut lächerlich. Als ob nicht jeder wüßte, wie es läuft. Um die eigene Auslastung hoch zu halten, macht man als Anwalt so ziemlich alles. Und so viel schlechter wird die Beratung dann für den Mandanten auch nicht sein. Zumindest wird der Mandant den qualitativen Unterschied nicht bemerken, da er keine direkte Vergleichsarbeit auf dem Tisch liegen hat.

Seine Vielfältigkeit führt dann oft dazu, dass er zunächst versucht, seinen Schwerpunktbereich Immobilienrecht zu verkaufen. Wenn er allerdings feststellt, dass der Mandant gerade Fragen im Corporate, Handelsrecht oder Mietrecht hat, dann schwenkt er kurz um und stellt sich auch hier als gefragter Experte dar. Hin und wieder geht seine Strategie auf und er be-

kommt ein Mandat.

Oft stellt er aber auch fest, dass ein erst gut angefan-
genes Gespräch auf einmal „kippt". Und zwar genau
zu dem Zeitpunkt, wo er seine vielfältige fachliche Ex-
pertise darlegt. Möglicherweise ist dieser Weg doch
nicht so erfolgreich, denkt er sich. Sollte er sich auf nur
einen Schwerpunkt in der Darstellung beschränken?

Eine Expertenpositionierung erfordert, dass Sie sich
ständig in Ihren Produkt- und Beratungsbereichen weiterbilden. Das nimmt man Ihnen nur dann ab, wenn
Sie nicht zu viel anbieten. Denn wer schafft es neben
der täglichen Arbeit, sich in fünf oder mehr Themen
inhatlich regelmäßig weiterzubilden? Gerade im rechtlichen oder auch steuerlichen Bereich ist dieses so gut
wie nicht möglich.

Ich empfehle Ihnen, sich maximal für drei Beratungsprodukte zu positionieren. Wenn es naheliegende
Bereiche gibt, dann mag auch das ein oder andere
Zusatzangebot stimmig sein. Konzentrieren und fokus-
sieren Sie sich aber lieber, als dass Sie sich zu breit aufstellen. Sie werden ansonsten keine starke Marke aufbauen können. Das muss ja nicht zwangsläufig heißen,
dass Sie auch anderes Geschäft mit abwickeln, das sich
aus einem bestehenden Mandat ergibt. Sie haben zum
Beispiel ein Mandant im Immobilienrecht erhalten und
ihr Mandat stellt Ihnen eine Frage zum Familien- oder
Erbrecht. Wenn Sie das Gefühl haben, es handelt sich
hier um einen rechtlichen Bereich, den auch Sie mit
wenig Recherche bedienen können, spricht überhaupt
nichts dagegen.

Wie genau erreichen Sie Ihre Mandanten?

Kommen wir zu den eigentlichen Akquise Werkzeugen, mit denen Sie Ihre Zielmandanten erreichen können.

Richtig und wirkungsvoll ist ein Akquise Werkzeug immer dann, wenn es zu Ihnen persönlich passt, Sie es gerne anwenden und Ihr Mandant dadurch zu erreichen ist. Insofern wäre es falsch zu behaupten, es gibt nur das eine wirkungsvolle und richtige Instrument. Ich möchte Ihnen gerne kurz die bewährten Wege vorstellen, neues Geschäft zu generieren.

Gute Arbeit und Qualität bieten und sich dadurch weiterempfehlen

Beispiel:

Rechtsabteilungsleiterin Buse arbeitet seit fünf Jahren mit Rechtsanwalt Fisse einer Düsseldorfer Kanzlei zusammen. Bislang war sie mit seinen Arbeitsergebnissen auch immer sehr zufrieden. In den letzten drei Projekten ist ihr aber aufgefallen, dass Anwalt Fisse viele Fehler gemacht hat.

Allein die Optik der Schriftsätze, Rechtschreibfehler und auch durchaus die ein oder andere unklare recht-

liche Herleitung hatten nicht mehr das übliche Niveau. Darüber ärgert sie sich sehr und überlegt, ob sie dieses Thema ansprechen soll. Denn sie denkt mittlerweile tatsächlich darüber nach, den Anwalt zu wechseln. Auf einer Veranstaltung in der letzten Woche hat Sie Frau Dr. Zeil kennengelernt und sie als sehr angenehm und überzeugend wahrgenommen.

Kritikgespräche sind nicht die Stärke von Frau Buse und daher wird sie sich bis morgen entscheiden, ob sie mit Anwalt Fisse noch einmal spricht oder das nächste Mandat einfach an Frau Dr. Zeil abgibt. Letztlich hat Herr Fisse sich das dann selbst zuzuschreiben und manchmal ist frischer Wind vielleicht gar nicht so schlecht. Wenn er sie öfter mal gefragt hätte, ob sie mit den Arbeitsergebnissen zufrieden gewesen ist, dann hätte er diese Situation auch abwenden können.

Am Ende des Tages ist Ihr nachhaltigstes Akquise Werkzeug sicher Ihre gute Arbeit. Dabei ist es nicht entscheidend, dass nur Sie von der Qualität der Arbeit überzeugt sind, Ihr Mandant muss diese auch wahrnehmen. Insofern bin ich der festen Überzeugung, dass das Thema „Service im Mandant" – also die gefühlte Qualität – in der nächsten Zeit an Bedeutung gewinnen wird.

Ihre Wettbewerber, auf gleichem Niveau spielend, werden die Mandate rechtlich mit gleicher Sorgfalt bearbeiten und Ihr Mandant – selbst wenn er Volljurist ist – kann die rechtliche Qualität Ihrer Arbeit nur ungefähr einschätzen. Hier werden Sie sich nur selten ein Alleinstellungsmerkmal erarbeiten können. Dagegen ist der Servicegedanke im Mandat und die subjektive Zufriedenheit des individuellen Mandanten in den meisten Kanzleien ausbaufähig. Hier müßten Sie zunächst einmal definieren, was Service und Qualität für Sie und Ihren Mandanten eigentlich bedeutet. Hier spielen Themen wie Erreichbarkeit, gute und klare Kommunikation, aktives Zuhören, gutes Projektmanagement, menschlich überzeugendes und angenehmes Auftreten unter anderem eine sehr große Rolle. Es ist sehr interessant, dass viele Anwälte sich mit diesem Thema noch zu wenig auseinandersetzen. Ich vertiefe es in dem Buch „Erfolgreiche Mandantengespräche führen".

Erweiterung bestehender Mandate

Beispiel:

Dr. Jung, Partner in einer Essener Kanzlei, muss sich dringend um seinen Umsatz kümmern. Leider ist ihm ein wichtiger Mandant abgesprungen und hat sich für einen Wettbewerber entschieden. Mit seinen weiteren vier großen Mandanten kann er leider kein weiteres Geschäft mehr entwickeln, davon ist Dr. Jung überzeugt. Ansonsten hätten diese ihn bereits in anderen Fragestellungen kontaktiert, Das Geschäft ist ausgereizt, der Umsatz wird hier nicht weiter wachsen.

Also macht sich Dr. Jung auf, um neue Mandanten zu werben. Das erweist sich als zäh und aktuell auch erfolglos. Fast beiläufig hört Dr. Jung, dass einer seiner großen Mandanten einen Wettbewerber beauftragt hat. Diesen Mandanten berät er Im Bereich Gesell-

schaftsrecht, beauftragt hat der Mandant den Wett-
bewerber zu Rechtsfragen im Bereich Compliance. Dr.
Jung ist auch in diesem Bereich sehr erfahren, wirbt
damit aber nur verhalten mit diesem Thema.

Da es ihn sehr verärgert, dass dieses Geschäft an ihm
vorbei gegangen ist, spricht er seinen Mandanten im
nächsten Gespräch freundlich darauf an. Der Mandant
entgegnet, dass es ihm gar nicht klar ist, dass Dr. Jung
auch in diesen Fragestellungen ein Ansprechpartner
ist, da diese Beratungsleistung von ihm bislang nicht
vorgestellt wurde. Dr. Jung muss dieses Feedback tat-
sächlich gelten lassen. Möglicherweise ist er in dem
Mandat etwas träge und „blind" geworden, und hat
weiteren Chancen und Möglichkeiten einfach nicht
mehr wahrgenommen.

Der Aufbau von neuen Mandanten bzw. Geschäft ist
um das siebenfache zeit- und kostenintensiver als die
Erweiterung von bestehendem Geschäft. Daher sollten Sie zunächst immer überlegen, welche Mandanten
Sie strategisch ausbauen können, bevor Sie sich an die
so genannte Kaltakquise wagen. Auch dafür eignet
sich wieder sehr Ihre Liste, in der Sie all Ihre Kontakte
gesammelt haben. Nun gilt es, über interessante Gespräche, Produkte und Angebote herauszufinden, was
genau Sie Ihrem Mandanten noch anbieten können,
um ihn in seiner Arbeit und Erfolg zu unterstützen.

Es ist eindeutig erlaubt, Mandanten danach direkt zu
fragen. Der Mandant arbeitet bereits mit Ihnen und
spricht Ihnen dadurch das Vertrauen aus. Das ist die
beste Grundlage, um weiteres Geschäft miteinander
zu definieren. Nutzen Sie also das nächste Gespräch

– gerade nach Abschluss eines Mandates oder zum Jahresauftakt – um Ihren Mandanten zu fragen, was es für weitere Fragestellungen in seinem Bereich gibt und ob er sich vorstellen könnte, dass ein oder andere Thema auch durch Sie beraten zu lassen. Fragen Sie, was genau er von Ihnen braucht, um diesen Gedanken mit Ihnen weiter zu diskutieren.

Cross Selling

Beispiel:

Rechtsanwältin Kross ist Senior Associate in Dresden und gerade dabei, eigenes Geschäft aufzubauen. Ihre Kanzlei beschäftigt in zehn verschiedenen Praxisgruppen insgesamt 80 Rechtsanwälte bundesweit.

Da sie viel arbeitet und kaum Zeit hat, sich mit Kollegen auszutauschen, war ihr bislang gar nicht bewusst, welch spannende und interessante Kooperationen es untereinander geben könnte. Sie hat sich bei Aufbau des eigenen Geschäft ausschließlich auf externe Kontakte konzentriert. Das soll sich jetzt aber ändern. In einem internen Trainingsworkshop gab es vor einigen Tagen die Möglichkeit, Kollegen besser kennenzulernen. Die Gespräche und der Austausch verliefen so erfreulich, dass Frau Kross nun bereits zwei ganz konkrete Ansätze mit ihren Kollegen aus den anderen Praxisgruppen verfolgt, um gemeinsam Geschäft als Expertenteam zu entwickeln.

Eine ganz andere Erfahrung hat Rechtsanwalt Twist in

den letzten Jahren gesammelt. Auch er war „Fan" des so genannten Cross Sellings. Als Associate war der kollegiale Austausch untereinander auch immer sehr erfreulich und offen. Man spürte, dass alle voran wollten, der eigene Umsatzdruck zwar in der „Luft lag", sich aber in der täglichen Arbeit noch nicht manifestierte. Mittlerweile ist er Partner und stellt fest, dass der Umgang untereinander sich verändert hat. Frühere Kollegen auf der Associate Ebene, die nun ebenfalls Partner sind, haben Ihre Verhaltensweisen verändert, was er sehr bedauert. Nur wenige sind heute noch wirklich offen, sich durch andere Kollegen fachlich ergänzen zu lassen. Natürlich hat er Verständnis dafür, dass jeder Partner für sich und seinen Umsatz sorgen muss, dass betrifft auch ihn selbst. Das Resultat des nicht mehr offenen Umgangs und das Gefühl „immer auf der Hut sein zu müssen", damit der eigene Mandant nicht abgeworben wird, ist ihm aber lästig und hindert ihn oftmals daran, kreative neue Geschäftsideen miteinander zu entwickeln.

Bevor Sie damit starten, Geschäft mit neuen Mandanten aufzubauen, sollten Sie sich immer zunächst in der eigenen Kanzlei umschauen und feststellen, mit welchem Kollegen Sie sich ergänzen könnten. Es macht nach außen immer einen guten Eindruck, wenn Sie als Kompetenzteam auftreten und sich gegenseitig empfehlen. Natürlich kenne auch ich die typischen Anwaltseinwände, warum gerade kein Cross Selling betrieben wird.

Zunächst ist die Befürchtung im Raum, dass der Kollege den eigenen Mandanten nicht zufrieden stellt und damit auch das eigene Mandat gefährdet wird oder der andere Partner versucht, den Mandanten „an sich zu binden". Viele stellen sich auch die Frage, was genau Sie davon finanziell haben. Und weitere bearbeiten einfach jedes Mandat – unabhängig davon, ob sie Experte in dem Bereich sind oder nicht und geben einfach kein Geschäft an Kollegen ab.

Es ist und bleibt Ihre Entscheidung, wie Sie zum Cross Selling stehen. Vielleicht überlegen Sie sich aber einmal, sich einige wenige Kollegen in Ihrer Kanzlei zu suchen, mit denen Sie sich inhaltlich ergänzen könnten und bei denen Sie auch das Gefühl haben, dass es persönlich passt, also Vertrauen im Raum ist.

Tauschen Sie dann doch einfach mal Ihren Kontakt aus oder aber stellen Sie sich gegenseitig vor, welches Geschäft Sie betreiben und wo Sie zusätzlichen Bedarf beim Mandanten sehen. Allein dieser offene Austausch kann dazu führen, dass Sie zusätzliche Geschäfts Ideen entwickeln, von denen alle Seiten profitieren.

In- und externe Vorträge

Beispiel:

Rechtsanwalt Dr. Klotz hält jeden Monat mindestens einen Vortrag vor potentiellen Mandanten. Dieses insbesondere bei Fachtagungen, Vereinen und Verbänden. Er hat das Gefühl, dass seine Vorträge auch ganz gut bei den Zuhörern ankommen, zumindest erhält er entsprechendes Feedback.

Kein besserer Vortragsredner, dennoch viel erfolgreicher in der „Ausbeute" neuer Mandate ist seine Kollegin Adam. Da es ihm unangenehm ist, sie direkt darauf anzusprechen, was genau sie anders macht, schickt er seine Kollegin Frau Dr. Bartl vor. So ein Gespräch von Frau zu Frau sieht er als unverfänglicher an, zumal er acht Jahre älter und auch erfahrener ist als Frau Adam. Es ist ihm unangenehm, sich die Blöße zu geben, eine junge Anwältin nach deren Erfolgsrezept zu fragen.

Frau Dr. Bartl führt wie beauftragt bei einem Mittagessen das Gespräch mit Frau Adam. Wieder zurück in der Kanzlei berichtet sie, dass Frau Dr. Bartl selbst ihren Akquiseerfolg nach Vorträgen damit begründet, dass sie nach den Veranstaltungen noch ein bis zwei Stunden aktiv netzwerkt und das Gespräch mit den Mandanten sucht. Aber damit nicht genug. Am nächsten Tag macht sie sich die Mühe, drei bis fünf der Zuhörer, die ihr geschäftlich attraktiv erscheinen, anzurufen. Sie verbindet die Frage, ob der Vortrag gefallen hat gleich damit zu eruieren, warum genau die Teilnehmer dort waren und was sie für diese tun kann.

Dr. Klotz findet dieses Vorgehen sehr aufwendig und stellt in der Tat fest, dass er selbst nach Vorträgen meistens sehr schnell wieder im Flieger, Zug oder am Schreibtisch sitzt. Er ist der Meinung, dass der potentielle Mandant nach seinem Vortrag schon auf ihn zukommen wird, wenn er Bedarf hat. Durch die Erzählungen seiner Kollegin kommt er aber ins Grübeln.

Um als Marke bzw. Experte im Markt sichtbar zu sein, sollten Sie „Bühnen bespielen". Die meisten Anwälte halten regelmäßig Vorträge oder sind Experte auf Podien zu gewissen Fachthemen. Vortragsbühnen gibt es Vielfältige, auch hier stellt sich wieder die Frage, wer im Publikum sitzt und wen Sie erreichen möchten. So sind Vorträge an Universitäten sicher für das Recruitment sinnvoll, jedoch werden Sie darüber selten Mandate akquirieren. Auftritte in Berufsverbänden der Anwälte sind sicher interessant und bieten einen kollegialen Austausch, aber auch hier werden Sie nur dann neue Mandate akquirieren, wenn andere Kanzleien bzw. Kollegen Sie bei Mandaten hinzuziehen. Stellen Sie sich daher zunächst die Frage, wo genau Sie Ihre Mandanten erreichen und wählen Sie dann die entsprechende Vortragsbühne aus.

Klassische Bühnen für Vorträge sind:

- **Interne Präsentationen in der Kanzlei, z.B. im Rahmen eines Frühstücksseminars**

- **Vorträge direkt im Unternehmen Ihrer (Ziel-) Mandanten, um gewisse rechtliche Veränderungen vorzustellen**

- **Präsentation auf externen Bühnen anderer Veranstalter (Managementcircle, Euroforum, Verbände, Vereine und Messen)**

- **Netzwerke, die Sie selbst aufbauen, zum Beispiel Kamingespräche, an denen ein kleiner, ausgewählter Expertenkreis teilnimmt**

- **Vorträge im Rahmen von Messen oder sonstigen Fachtagungen**

Überprüfen sie bitte in regelmäßigen Abständen, ob Ihre einmal ausgewählten Vortragsbühnen Ihnen auch den entsprechenden Erfolg bringen. Attraktivität der Veranstaltung und auch die Zielgruppe kann sich durchaus ändern. Da es Ihr Ziel ist, in Ihrer wertvollen Zeit genau die passenden Mandanten oder Multiplikatoren anzusprechen, empfiehlt sich ein regelmäßiges Update.

Aufbau eines belastbaren Netzwerks

Beispiel:

Frau Voss ist genervt. Es vergeht kaum ein Tag, an dem sie nicht mindestens zwölf Stunden im Büro ist. Daneben soll sie abends noch Netzwerkveranstaltungen besuchen. Sie hetzt abends direkt aus der Kanzlei, kommt zu den entsprechenden Veranstaltungen meistens zu spät und ist innerlich „aufgewühlt und unter Druck".

In vielen Fällen muss sie nach diesen Treffen weiter arbeiten und eine Nachtschicht anhängen. Und irgendwie hat sie auch das Gefühl, dass diese Netzwerke nicht wirklich etwas bringen. Die meisten Menschen findet sie nervig und viele sprechen sehr langatmig und klauen ihr Zeit, die sie einfach nicht hat. In der letzten Woche hat bei einem dieser Treffen einer ihrer Gesprächspartner ihr als Scherz die Frage gestellt, welche „Laus ihr über die Leber gelaufen sei". Sie hat am Anfang diese Frage gar nicht verstanden und die

Bemerkung als unangemessen und unverschämt ab-
getan. Allerdings musste sie Tage später immer wieder
darüber nachdenken.

Da sie diesen Netzwerkpartner gestern zufällig wieder
getroffen hat musste sie ihn einfach fragen, wie er auf
diesen Eindruck kam. Sie bekam die Antwort, dass sie
auf Netzwerktreffen immer sehr unglücklich und ge-
nervt guckt und man sie gar nicht ansprechen mag. Da
er dieses schon länger beobachtet, wollte er einfach
einmal kurz nachfragen.

Frau Voss war gar nicht bewusst, dass ihre Lustlosig-
keit auf Netzwerke sich so klar in ihrer Körpersprache
äußert. Kein Wunder, dass keine guten Kontakte dort
zustande kommen. Wer mag schon schlecht gelaunte
Menschen ansprechen?

Damit möglichst viele Menschen wissen, was genau
Sie tun, sollten Sie sich vernetzen. Da Ihre Zeit aber
kostbar ist, sollten Sie sich zunächst Gedanken machen, welche Netzwerke für Sie die Passenden sind
und welches Ziel Sie damit erreichen möchten. Mögli-
che Ziele des Netzwerkens könnten zum Beispiel sein:

- **Marktinformationen zu erhalten und sich über Best Practices auszutauschen**

- **Kollegialen Austausch mit anderen Anwälten zu betreiben**

- **Bestimmte Menschen, insbesondere Ihre Zielmandanten, kennenzulernen und deren Geschäft, Markt und rechtlichen Beratungswunsch zu erfragen**

- **Sich selbst, seine Kanzlei und sein Beratungsprodukt vorzustellen**

Nicht jedes Netzwerk bietet Ihnen die Möglichkeit „alle Fliegen mit einer Klappe" zu erschlagen. Daher machen Sie sich zunächst ganz konkret Gedanken, was Sie erreichen möchten. Ist dieser Schritt getan, fällt es Ihnen sicher nicht mehr schwer, das passende Netzwerk auszuwählen. Entscheiden Sie sich eher für weniger Netzwerke und nehmen an diesen aber konsequent teil. Bei Ihrem Arbeitspensum werden Sie sicher nur zwei bis drei Netzwerke regelmäßig besuchen können. Was nützt es Ihnen, wenn Sie in vielen Netzwerken mit Namen registriert sind, letztlich aber nie daran teilnehmen und keinen Mandanten persönlich kennenlernen?

Um die Zeit beim Netzwerken erfolgreich zu gestalten, sollten Sie die folgenden Punkte beachten:

- **Versuchen Sie, mit einer positiven und offenen Haltung aufzutreten**

- **Hören Sie gut zu und seien Sie ein angenehmer Gesprächspartner**

- **Gehen Sie mehrmals in Vorleistung und erwarten Sie nicht gleich Geschenke vom Gesprächspartner**

- **Stellen Sie sicher, dass Sie regelmäßig und nachhaltig an den Treffen teilnehmen**

- **Erwarten Sie nicht zu viel. Sie müssen erst einmal**

Der Pitch

Beispiel:

*Rechtsanwalt Nordeck ist gerade etwas irritiert. So-
eben hat ihm ein potentieller Mandant, bei dem er
sich und sein Team vor einer Woche im Rahmen eines
Pitches vorstellen durfte, ein Feedback zum Auftritt gegeben. So ein differenziertes, ehrliches und trotzdem
persönlich verletztendes Feedback hat Herr Nordeck
noch nie erhalten. Der Mandant war dabei durchaus
professionell und freundlich, der Inhalt aber für ihn
vernichtend. Bislang war er der Meinung, immer an-
gemessen zu präsentieren, muss sich nun aber eines
Besseren belehren lassen. Folgende Punkte sind an
ihm kritisiert worden:*

- **Der Auftritt des Teams erweckte den Eindruck, dass
die Rechtsanwälte nicht wirklich gerne miteinander
kommunizieren**

- **Die Präsentation war viel zu textlastig und lang,
die Zeit wurde überschritten**

- **Der präsentierende Anwalt konnte persönlich nicht
überzeugen und hat keine positive, emotionale Ebene zu dem Mandanten aufbauen können**

- **In der Präsentation waren viele Folien vorhanden,**

die zu allgemein und Standard sind. Dagegen wurde auf die konkreten Fragen des Mandanten nur rudimentär eingegangen.

Mandanten veranstalten Pitches bzw. Beauty Contests, um die für sie passende Kanzlei zu finden. Es gilt also, sich als Kanzlei bzw. Anwalt bestmöglich zu präsentieren und einen guten Eindruck zu hinterlassen. Das Thema „Erfolgreich pitchen" füllt ein eigenes Buch. Dennoch möchte ich Ihnen einige Tipps dazu geben.

Mandate sind hin und wieder schon unter der Hand vergeben, obwohl ein Pitch stattfindet. Insofern müssen Sie immer professionell vorbereitet sein und Ihr Bestes geben, auch wenn Sie wissen, dass Sie in diesem Mandat so gut wie keine Chance haben. Vor dem Auftritt bzw. Pitch sollten Sie sich in die Person des Mandanten versetzen und ganz klar seine Erwartungshaltung und seinen Bedarf verstehen. Das ist nicht immer einfach, da viele Briefings im Pitching schriftlich erfolgen. Möglicherweise können Sie aber in einem weiteren Telefonat mit dem Mandanten noch die ein oder andere Frage stellen oder aus Ihrem Netzwerk weitere Informationen ziehen.

Die Art und Weise, wie Sie auftreten und in welcher Form Sie präsentieren wird ein wichtiger Erfolgsfaktor sein. Machen Sie sich daher mit Auftritts- und Präsentationstechniken vertraut und überlegen Sie klug, wen genau Sie aus dem Team mitnehmen. Üben Sie bei wichtigen Pitches vorab mit Ihrem Team Ihren Auftritt und simulieren Sie die möglichen Gespräche und Fragerunden. Auch hier eignet sich manchmal der Einsatz eines Coaches, der Sie auf den Punkt vorbereitet. Ganz wichtig ist, dass Sie in jeder Präsentation dem Mandanten das Gefühl geben, dass er gemeint ist und Sie ihn persönlich und individuell ansprechen und beraten und keine Standard Leistung anbieten.

Das Projektabschlussgespräch

Beispiel:

Rechtsanwältin und Steuerberaterin Totz hat bis vor kurzem in einem großen Beratungsunternehmen gearbeitet. Ihre Mandanten konnte sie immer fachlich, aber auch persönlich überzeugen. In der jährlich durchgeführten Mandanten Zufriedenheitumfrage erzielte sie stets Höchstnoten. Und der Erfolg kam nicht zufällig. Als besonders wertvoll wurde von ihren Mandanten das Projektabschlussgespräch dargestellt. Und in der Tat, Frau Totz hat sich im Laufe der Jahre hier perfektioniert. Aber nicht nur, um den Mandanten zu gefallen, sondern auch, um in dem Gespräch neues Geschäft zu generieren.

Das Unternehmen, in dem Sie ein Teil Ihrer Ausbildung absolvierte, war dafür bekannt, nach auslaufenden Projekten gleich wieder neues Geschäft zu akquirieren. Der Erfolgsfaktor war das Projektabschlussgespräch.

Jedes Mandat bzw. Projekt kommt irgendwann zu einem Ende. Und dann stellt sich die Frage, welche weiteren Themen anstehen und wann Sie wieder für den Mandanten beratend tätig sein dürfen. Viele Kanzleien führen nach Projekten bzw. Mandaten gar keine

Abschlussgespräche. Andere holen sich professionell Feedback beim Mandanten ein. Sehr selten verknüpfen die Anwälte diese Gespräche aber mit der Möglichkeit, neues Geschäft zu generieren. Aber genau jetzt ist der richtige Zeitpunkt dafür. Wenn der Kontakt zum Mandanten erst einmal abgekühlt ist und Sie einige Monate von ihm nichts gehört haben, ist es häufig viel schwerer, den Faden wiederaufzunehmen.

Nutzen Sie also das gerade beendete Projekt und fragen Sie nach, was für weitere Aufgaben und Fragestellungen beim Mandanten anstehen. Hier einige Stickpunkte, wie Sie ein Projektabschlussgespräch strukturieren könnten:

- **Aufbau einer vertrauensvollen Atmosphäre und den Teilnehmerkreis sehr klein halten - am besten ein Gespräch unter vier Augen**

- **Einsatz von Small Talk, um die Atmosphäre angenehm zu gestalten**

- **Zunächst in eigenen Worten zusammenfassen, welche Erfolge in dem Projekt gemeinsam erarbeitet werden konnten und kurze Frage, ob sich diese auch so für den Mandanten darstellen**

- **Erläuterung in eigenen Worten, welches Verbesserungs Potential in der Zusammenarbeit Sie selbst wahrgenommen haben**

- **Dann Frage an den Mandanten, wie sich das Mandat für ihn dargestellt hat (was hat er als besonders erfolgreich wahrgenommen und welche Themen sind** aus seiner Sicht zu optimieren)

- **Gemeinsame Suche nach Lösungen und Kommitment, diese das nächste Mal umzusetzen, Vereinbarung von Zielen**

- **Bedanken für die Offenheit und das Gespäch**

- **Ein wenig Small Talk zum Abschied**

Publikationen

Beispiel:

Rechtsanwältin Gross hatte früher den Anspruch an sich selbst, möglichst viel zu publizieren. Das Schreiben macht ihr grundsätzlich auch sehr viel Spaß, kostet aber viel Zeit, die sie nicht wirklich hat.

Artikel werden in ihrer Kanzlei als non-billable Zeit bewertet, insofern muss sie auch hier einen guten Ausgleich zwischen abrechenbarer und nicht abrechenbarer Arbeit hinbekommen. Das gelingt ihr leider aktuell nicht gut, sie verliert durch die Veröffentlichungen viel Zeit, die sie nicht hat. Das liegt daran, dass sie einfach einen sehr hohen Anspruch an sich selbst hat. Kollegen sind immer erstaunt, mit wie viel Aufwand sie selbst den kleinsten Artikel vorbereitet und schreibt. Mittlerweile stellt sie sich selbst die Frage, ob der Mandant den Unterschied zwischen einem „normalen" Artikel und dem ihrigen eigentlich feststellen kann?

„Wer schreibt, der bleibt". Das Publizieren bzw. Veröffentlichen von Fachartikeln oder Kommentierungen gehört sicher zum Standard Marketing-/Akquise Werkzeug. Durch die Publikation werden Sie zwar nur selten unmittelbar neues Geschäft akquirieren, Sie haben aber die Möglichkeit, sich eine Bekanntheit und einen Namen im Markt aufzubauen. Auch dazu ist es wichtig, dass Sie sich vorab Gedanken darüber machen, wen genau Sie ansprechen möchten und in welchem Presseorgan dieser Mensch Ihre Artikel wahrnimmt.

Hierzu ein Beispiel: Sicher ist es ein toller Erfolg, wenn Sie hin und wieder in einer juristischen Fachzeitschrift wie zum Beispiel der NJW kommentieren dürfen. Wenn Sie allerdings diesen Artikel nicht anderweitig an Ihre Mandanten senden, wird dieser oftmals davon gar keine Kenntnis nehmen. Denn nicht viele Unternehmensjuristen lesen regelmäßig sorgfältig alle Artikel in der NJW. Bei vielen landet diese Zeitschrift im Regal.

Haben Sie sich einmal die Mühe und Arbeit gemacht, einen guten Artikel zu schreiben, dann denken Sie bitte auch immer an die Wiederverwertbarkeit. Es wäre sehr schade, wenn Ihr Wissen in dieser Form nur einmal erscheint. Stellen Sie sich dazu also immer die Frage, wo noch Sie diesen Inhalt Ihren potentiellen Mandanten präsentieren können.

Social Media

Hier teilen sich sicher die Geister. Ich kenne viele Anwälte, die das Arbeiten mit Social Media ablehnen und andere, die es sehr intensiv als Marketing- und Akquise Werkzeug nutzen. Auch das ist natürlich Ihre Entscheidung. Ich persönlich würde Ihnen raten, in Maßen auch die Netzwerke im Social Media Bereich zu nutzen. Auch hier gilt: Wenn Sie mit diesen Tools etwas erreichen möchten und Aufmerksamkeit an sich ziehen möchten, müssen Sie regelmäßig Zeit investieren und nachhaltig „dran" bleiben.

• **XING und Linkedin**

Beispiel:

Partner Lutz in einer Bonner Anwaltskanzlei hat sich ganz klar gegen den Einsatz von Social Media entschieden. Er ist der festen Überzeugung, dass über die sozialen Netzwerke kein einziges neues Mandant entstehen wird. Also, warum sollte er auch nur eine Minute seiner teuren und wertvollen Zeit hier verschwenden?

Frau Pfeil bewertet den Einsatz von Social Media ganz anders. Seit drei Jahren ist sie insbesondere in XING und Linkedin unterwegs. Hin und wieder stellt sie eigenen Inhalt ein. Viel Erfolg hat sie aber insbesondere dann, wenn sie Posts anderer Fachexperten „liked" oder qualifiziert kommentiert. Interessanterweise wird sie im Zuge dessen selbst als Expertin für einige Themen wahrgenommen. An Anfang war ihr dieses Gefühl nicht angenehm, als vielleicht „Trittbrettfahrerin" angesehen zu werden. Da sie aber tatsächlich eine sehr gute Arbeit leistet und in ihren Bereichen als Expertin angesehen wird, hat sie diese Scham abgelegt und nutzt das Social Media für ihre Zwecke.

In diesen beiden genannten Netzwerken geht es weniger darum, ein direktes neues Mandat zu akquirieren. Das wird in der Tat nur sehr selten der Fall sein. Dennoch eignen sich XING und Linkedin, die eigene Anwaltsmarke und den Expertenstatus sichtbar zu machen.

In beiden Netzwerken sollte Sie ein aussagekräftiges Profil einstellen. Wählen Sie die Premium Mitgliedschaft, die Ihnen noch einmal viele Vorteile verschaffen wird. „Liken" Sie Artikel und Veröffentlichungen von anderen oder kommentieren diese. Und machen Sie in diesen Portalen auf Ihre Vorträge, Artikel und Veranstaltungen regelmäßig aufmerksam. Gratulieren Sie Ihren Mandanten zu Jubiläen, Unternehmenswechseln oder auch Geburtstagen – je nachdem, was für Sie stimmig ist.

• **Facebook**

Facebook wird in vielen Unternehmen und auch in Kanzleien als Recruitment Portal eingesetzt. Der Anwalt stellt sich als Marke (heute) dort noch nicht vor. Auch dieses kann sich ändern – insofern sollten Sie die Entwicklung gut verfolgen. Und übrigens: Fast jeder Mandant wird ein privates Profil bei Facebook haben.

• Blog

Einen eigenen Blog zu betreiben oder regelmäßig in fremden Blogs etwas einzustellen ist absolut sinnvoll. Allerdings nur dann, wenn Sie dranbleiben. Bloggen kostet Zeit und Ihre Beiträge müssen einen Mehrwert für die Leser bieten. Überlegen Sie daher gut, ob Sie dieses (zeitlich) leisten können.

Wenn Sie allerdings bloggen, dann sollten Sie immer daran denken, auf welchen anderen Plattformen Sie zusätzlich den Mandanten auf diesen Inhalt aufmerksam machen können.

• Twitter und Instagram

Sollte es Ihr Ziel sein, bei Presseorganen für Ihre Themen bekannter zu werden, dann kann es sinnvoll sein, sich mit Twitter zu beschäftigen. Die Medien beziehen aus diesem Bereich vielfach Informationen und Ideen. Instragram wird von Anwälte dagegen heute selten eingesetzt. Aber auch dieses kann sich verändern.

• YouTube

Bewegte Bilder und Videos werden auch im Anwaltsbereich immer wichtiger. Menschen (Mandanten) möchten ihren Berater „live" erleben, um sich ein Bild von ihm machen zu können. Insofern gehen viele Anwälte mittlerweile dazu über, kurze rechtliche Themen in kleinen Videos darzustellen und zu erläutern. Wenn Sie daran Interesse haben, dann kümmern Sie sich um eine gute technische Ausstattung und reklektieren Sie Ihren eigenen Auftritt.

• **Webinare**

Webinare bzw. Online Präsentationen sind eine weitere Möglichkeit, sich dem Mandanten darzustellen. Mandanten nehmen dieses mittlerweile auch gerne an. Auch hier ist es für Ihren Erfolg entscheidend, dass Sie über eine gute technische Ausrüstung verfügen und die Prinzipien des medialen Auftritts beherzigen. Da Sie beim Webinar keine direkte Rückkopplung Ihrer Mandanten erhalten, sollten Sie sich zuvor darüber Gedanken machen, ob diese Darstellungsweise für Sie in Betracht kommt bzw. in welcher Form Sie die Teilnehmer nach dem Webinar ansprechen können, um die „Leads" zu qualifizieren.

Das Telefonat

Das Telefonat mit dem Mandanten ist ein weiteres Akquise Werkzeug. Gut zu telefonieren bedeutet, kommunikativ professionell aufzutreten. Was das genau bedeutet, beschreibe ich in dem Buch „Erfolgreich Mandantengespräche führen". Telefonate eignen sich, um:

- **Mit Ihrem Mandanten einfach mal wieder Kontakt aufzunehmen, sich nach ihm zu erkundigen und da-**

bei nach neuem Geschäft zu fragen

- „Kalt" einen neuen Mandanten anzusprechen und sich vorzustellen (diese Art der Akquise ist anspruchsvoll und daher sollten Sie diese nur dann in Betracht ziehen, wenn alle anderen Akquise Werkzeuge für Sie keinen Erfolg bringen.)

- Nach einer Veranstaltung oder Präsentation „Leads" zu qualifizieren und deren Bedarf zu erfragen.

Das Telefon ist ein wichtiges und interessantes Instrument, um Mandanten anzusprechen und mit ihm in Kontakt zu bleiben. Selbstverständlich ist der persönliche Kontakt dem Telefon immer vorzuziehen, aufgrund der Zeit und Reisekosten aber nicht immer umsetzbar. Trainieren und professionalisieren Sie daher Ihr eigenes Verhalten am Telefon.

Kapitel 5

Akquise Werkzeuge RICHTIG anwenden und sich Ziele setzen

Ich möchte Ihnen an dieser Stelle gerne noch einige praktische Tipps zur Anwendung einiger der genannten Akquise Werkzeuge mit auf den Weg geben, die sich in der Praxis sehr bewährt haben.

Denn der Erfolg liegt nicht allein darin, ein Akquise Werkzeug zu nutzen, sondern es RICHTIG einzusetzen.

Legen Sie den Fokus in der Mandatsbearbeitung nicht nur auf den Inhalt, sondern auf den gefühlten Service Ihres Mandanten

Beispiel:

Es ist nicht gelogen, wenn man sagt, dass Rechtsanwältin Schulz von ihren Mandanten geliebt wird. Ihr selbst ist es sehr unangenehm, wenn man sie auf diesen Erfolg anspricht, da sie der festen Überzeugung ist, dass sie einfach die Pflichten eines Dienstleisters beachtet.

Ihr war und ist es wichtig, dass sich Mandanten bei ihr wohlfühlen. Das Thema Service ist ihr wichtig. Schon als Referendarin in New York und Tokio war sie davon fasziniert, wie Service den großen Unterschied machen kann. Frau Schulz kann gar nicht von sich behaupten, die beste Anwältin zu sein, aber sie versucht, jeden Kontakt mit ihren Mandanten als ein angenehmes Erlebnis darzustellen. Es sind die kleinen Dinge, die den Unterscheid machen, davon ist sie überzeugt.

So achtet Sie bei jedem Mandant darauf, was dem Mandanten persönlich wichtig ist und stellt sich darauf ein. Eine klare Kommunikation im Mandat und die Abfrage der Erwartungshaltung des Mandanten kommt zusätzlich hinzu.

Wenn auch Sie der Überzeugung sind, dass der gefühlte Service im Mandat ein sehr wichtiges Akquise Werkzeug ist, dann muss es folgerichtig Ihr Ziel sein, genau dieses in den Mittelpunkt Ihrer anwaltlichen Beratung zu stellen. Inhaltlich professionelle und juristisch exzellente Arbeit ist zu weiten Teilen (leider) austauschbar. Insofern sollten Sie sich ab sofort die Frage stellen, woran genau Sie sich im Mandantenkontakt bzw. in der Projektbearbeitung messen lassen möchten, um den besten Service Ihrem Mandanten zu liefern. Bedeutet dieses zum Beispiel, dass Sie gewisse Ergebnisse oder den Bearbeitungsstatus ab sofort regelmäßig telefonisch oder persönlich mit dem Mandanten besprechen? Oder aber, dass Sie Ihren Mandanten einfach zwischendurch einmal danach fragen, wie zufrieden er mit Ihrer Arbeit ist? Vielleicht setzen Sie sich auch zum Ziel, nach jedem Projekt ein Abschlussgespräch mit Erhebung der Mandantenzufriedenheit zu führen.

Es gibt unendlich viele Möglichkeiten, den Service des Anwalts in einem Mandat zu verbessern und den Mandanten damit zu überraschen und zu begeistern. Vielleicht denken Sie kurz einmal darüber nach, was genau Ihnen wichtig wäre, wenn Sie sich in der Mandantenrolle befinden würden. Noch besser ist es, wenn Sie Ihren Mandanten dazu befragen. Was genau versteht er unter Service in der anwaltlichen Beratung und was genau können Sie für ihn zukünftig noch tun, damit er noch zufriedener mit Ihnen ist? Da ein starkes Marketingwerkzeug die persönliche Empfehlung ist, bitten Sie Ihren Mandanten doch einfach darum, Sie auch an andere Kollegen sehr gerne weiter zu empfehlen, wenn er mit Ihrer Arbeit und rechtlichen Beratung zufrieden ist. Oftmals denken Mandanten einfach nicht daran, dass Sie dem Anwalt damit einen großen Gefallen tun können, sind dafür aber durchaus offen.

Denken Sie bei bestehenden Mandaten immer an das „was noch..."

Beispiel:

Rechtsanwalt Philipp ist bekannt dafür, sich nie mit

Dingen zufriedenzugeben. Er ist ein Kämpfer und bleibt dran. Es gibt Kollegen, die von ihm behaupten würden, er sei nervig und verhält sich im Mandantenkontakt unangemessen. Andere widerum bewundern seine Art, immer wieder dranzubleiben und nicht locker zu lassen. Der Erfolg gibt ihm Recht. In seiner Kanzlei ist er der erfolgreichste Berufsträger.

Er selbst ist immer wieder erstaunt, wie wenig engagiert seine Kollegen Akquisegespräche führen. Haben Sie ein Beratungsmandat erhalten, dann geben sie sich damit zufrieden. Er dagegen versucht immer noch auszuloten, was noch an Leistungen für seinen Mandanten interessant sein könnte.

Dabei besitzt er trotzdem das notwendige Fingerspitzengefühl und zieht sich zurück, wenn ihm der Mandant klar macht, dass es zur Zeit nicht mehr „zu holen gibt".

Haben Sie wirklich alle Optionen durchdacht oder gibt es vielleicht nicht doch etwas, was Sie Ihrem Mandanten anbieten könnten? Sie sollten keinesfalls aufdringlich oder drängelig wirken. Dennoch wäre es sehr gut, wenn Sie bei bestehenden Mandaten sich immer wieder die Frage stellen, welches Zusatzgeschäft sich vielleicht noch ergeben könnte. Oftmals ist man so sehr in die Arbeit verstrickt, dass einem gar nicht der Gedanke kommt, dass der Mandant auch noch weiteren Beratungsbedarf haben könnte.

Was können Sie für Ihre Kollegen tun?

Beispiel:

Rechtsanwältin Cäsar macht es viel Spaß, sich mit den Kollegen in ihrer Kanzlei auszutauschen. Sie ist immer daran interessiert zu erfahren, mit welchen Themen die anderen sich gerade beschäftigen und freut sich über Kontakt.

Ursprünglich wurde ihr vorgeworfen, sich zu wenig um das Außengeschäft zu kümmern. Man gab ihr sogar das Feedback, dass sie als Frau nicht so viel Kaffeeklatsch halten solle, sondern sich wie die Männer auf Geschäftsentwicklung konzentrieren muss. Dabei ist genau das jetzt eingetreten. Durch ihre offene und kollegiale Art ist sie in der Kanzlei so gut vernetzt, dass sie immer wieder Mandate aus anderen Bereichen übertragen bekommt. Natürlich gibt auch sie fleißig ab, wenn sich die Gelegenheit ergibt. Mittlerweile gehört sie trotz „Kaffeeklatsch" zu den umsatzstärksten Partnern in der Kanzlei. Da sie für viele ein Vorbild ist, fängt die Kanzlei an, sich intern immer mehr zu vernetzten.

Wenn Sie das Cross Selling in Ihrer Kanzlei aktivieren möchten, gebe ich Ihnen den Tipp, zunächst erst einmal Mehrwert für die anderen zu schaffen. Das heißt keineswegs. dass Sie nicht an das eigene Geschäft denken sollen. Sie möchten aber Kollegen davon überzeugen und motivieren, mit Ihnen zusammenzuarbeiten und Mandate offenzulegen. Das setzt voraus, dass der andere bereit ist, sich zu öffnen.

Einfacher ist es immer dann, wenn Sie ein „Geschenk" mitbringen. Überlegen Sie also, wie Sie einem Kollegen mit Ihren Ideen zusätzliches Geschäft erschaffen können. Dann wird es sicher sehr schnell bereit sein, sich mit Ihnen weiter auszutauschen.

Planen Sie Zeit nach den Vorträgen ein und: weniger ist mehr

Der eigentliche Akquise Auftrag bei einem Vortrag ist die konsequente und professionelle Nacharbeitung. Viele Anwälte investieren sehr viel Zeit in die Vorbereitung Ihrer Präsentation bzw. Ihres Vortrages, sind im Nachgang aber nicht mehr bereit, weiter dran zu bleiben.

Ein praktischer Tipp: Überlegen Sie sich schon vor dem Vortrag, mit wem genau Sie sich danach unterhalten möchten. Mehr als zwei bis drei gute Gespräche werden sicher nicht möglich sein. Nehmen Sie sich am nächsten Tag die Teilnehmerliste und markieren Sie, wen genau der Anwesenden oder auch „No Shows" Sie gerne nachträglich kontaktieren möchten. Greifen Sie dann zum Telefonhörer und rufen diese Personen an:

„Guten Tag Herr..., schön, dass sie gestern bei mei-

nem Vortrag waren. Wie hat ihnen die Veranstaltung gefallen? Gibt es konkrete Fragen, die ich ihnen noch beantworten darf? Mit welchem Aspekt des Themas beschäftigen sie bzw. ihr Unternehmen sich gerade? Haben sie Interesse, dass wir uns unverbindlich noch einmal dazu zusammensetzen und ich Ihnen noch einige Tipps mit auf den Weg gebe?" oder auch

„Was hat ihnen an der Veranstaltung gefallen und was sollten wir noch verbessern? Gibt es weitere Themen, die sie interessieren könnten"?

Ihr Ziel sollte sein, mit den (potentiellen) Mandanten ins Gespräch zu kommen und einen weiteren Anknüpfungspunkt zu finden. Schön wäre es natürlich, wenn Sie sich zu einem persönlichen Gespräch treffen und dort noch einmal vertieft erfahren dürfen, was der Mandant gerade benötigt.

In Netzwerken in Vorleistung gehen und sichtbar werden

Erfolgreich Netzwerken Sie nur dann, wenn Sie Leistungen gegenseitig austauschen. Um zunächst einen positiven Eindruck zu vermitteln, sollten Sie versuchen, einige Male in Vorleistung zu gehen. Überlegen Sie sich, was Sie anderen Gutes tun können und wie Sie ihn in seinen Themen unterstützen können. In den meisten Fällen kommt dann mittelfristig auch etwas zurück.

Nicht immer werden Sie etwas von den Menschen zurück bekommen, denen Sie einen Gefallen getan haben. Oftmals geschieht dieses über Weiterempfehlung und ein zunächst Fremder kommt auf Sie zu. Sinnvoll kann es auch sein, in Netzwerken einfach mal in Führung zu gehen. Vielleicht gibt es einen Vorstandsposten, der gerade neu besetzt werden soll. Oder die ein oder andere Arbeitsgruppe sucht noch Personen, die mitarbeiten möchten. Natürlich müssen Sie in derartigen Positionen ein wenig mehr Zeit investieren. Aber Sie werden auf diese Art und Weise für die anderen Netzwerk Mitglieder schneller sichtbar.

Recycling, Recycling, Recycling...

Wenn Sie einen inhaltlichen Beitrag geleistet haben (in Form eines Artikels, Vortrags oder Präsentation), dann sollten Sie immer an die Mehrfachverwertung denken. Es hat Sie Zeit gekostet, diesen professionellen Beitrag zu verfassen, insofern sollte er auch genutzt werden. Haben Sie einen Artikel verfasst, dann können Sie diesen auch in einen Vortrag umwandeln und anbieten. Gleichzeitig haben Sie die Möglichkeit, den Artikel in Ihrem möglichen Newsletter oder Blog zu bewerben und in Ihre Social Media Kanäle einzustellen. Mit nur wenig Mehraufwand vervielfachen Sie Ihre entsprechende Außenwirkung.

Setzen Sie sich konkrete Ziele

Beispiel:

Rechtsanwalt Wirth hat in seiner zehnjährigen Anwalt-stätigkeit das ein oder andere Akquiseseminar besucht. Die Inhalte sind für ihn meistens auch durchaus interessant, jedoch stellt er fest, dass er die Themen nicht wirklich umsetzt. Nach jedem Seminar setzt er sich ein bis zwei Ziele, die er aber nie erreicht. Dann folgt der Alltag, eine Woche sind die neuen Themen noch präsent und da er keine Zeit hat, sich darum zu kümmern, verblaßen diese immer mehr. Das frustriert ihn so sehr, dass er sich vornimmt, sich einfach keine neuen Ziele mehr zu setzen. Sein voller Arbeitstag läßt es einfach nicht zu, sich weiter fortzubilden. So traurig die Erkenntnis für ihn auch ist - oder kann er noch etwas daran ändern?

Vielleicht gibt es auch für Sie in diesem Buch die ein oder andere Idee, die Sie gerne umsetzen möchten. Sie stellen sich aber die Frage, wie genau Sie dieses tun können.

Viele Studien am Markt belegen, dass die Erreichung eines Zieles sehr viel wahrscheinlicher ist, wenn Sie dieses klar und deutlich für sich formulieren. Ich gebe Ihnen den Tipp, sich zunächst mit einem langfristigen Ziel (Vision) zu beschäftigen und dann „von hinten nach vorne zu planen". Malen Sie sich bitte einmal aus, wo Sie beruflich in ca. drei bis fünf Jahren stehen möchten. Die folgenden Fragen können Sie dabei unterstützen:

- **Für welche Themen sind Sie dann Experte?**

- **Welche Mandanten genau beraten Sie dann, wer konkret ist Ihr Ansprechpartner?**

- **Wieviel Umsatz erwirtschaften Sie mit welchem Mandanten bzw. in welchem Beratungssegment?**

- **Wie groß ist Ihr Team?**

- **Sind Sie dann noch in der aktuellen Kanzlei?**

- **Arbeiten Sie national oder international?**

- **In welchen Netzwerken sind Sie aktiv?**

- **Wo genau treffen Sie Ihre Mandanten? In welcher Form machen Sie auf sich aufmerksam?**

Es ist vollkommen ausreichend, wenn Sie sich ein ungefähres Bild machen. Die Formulierungen sollten so konkret wie möglich sein. Aber auch „schwammige Bilder und Ideen" sind willkommen.

Aus diesem langfristigen Ziel leiten Sie nun ein kurzfristiges To Do ab. Es hat sich bewährt, nicht länger als ein Jahr zu planen. Sollten Sie einen noch kürzeren Zeitraum präferieren, dann ist auch das gar kein Problem. Überlegen Sie nun bitte – anlehnend an Ihre Vision – was genau Sie in diesem Jahr tun möchten, um Ihrem Ziel schon einmal ein Stück näher zu kommen. Hierzu können Sie sich der so genannten Smart Formel bedienen. Ihr Ziel sollte:

S: Spezifisch- konkret und selbst initiierbar

M: Messbar

A: Attraktiv

R: Realistisch und

T: Terminiert

sein. Das klingt sehr einfach, der „Teufel" liegt aber im Detail. Ich stelle Ihnen die einzelnen Kriterien erläuternd vor:

Spezifisch-konkret und selbst initiierbar

Formulieren Sie Ihr Jahresziel so eindeutig wie möglich. Es reicht also nicht aus, dass Sie zum Beispiel festlegen, „Mandanten aus dem Pharmabereich" ansprechen zu wollen. Vielmehr ist es sinnvoll, konkrete Unternehmen herauszusuchen und zu definieren, wie und wann genau Sie diese Firmen ansprechen möchten – vielleicht sogar noch unter Festlegung des ganz konkreten Ansprechpartners. Ob ein Mandant Ihnen Geschäft überträgt oder nicht, können Sie alleine nicht beeinflussen. Ihr Ziel sollte aber selbst initiierbar sein. Insofern können Sie immer nur ein To Do definieren, dass Sie komplett alleine in der Hand haben. In diesem Fall können Sie also nur alles dafür in Vorbereitung tun, dass die Ansprechpartner im Pharmabereich von Ihnen

Kenntnis nehmen und die Wahrscheinlichkeit hoch ist, mit Ihnen ein persönliches Gespräch zu führen.

Ob das dann auch der Fall sein wird, liegt nicht in Ihren Händen, ist also nicht selbst initiierbar. Insofern ist es auch schwer, klare Umsatzziele festzulegen, da der Mandant immer mit entscheidet, wann er Ihnen welches Mandat überträgt.

Was ist anders, wenn Ihr Ziel erreicht ist?

Schön wäre es auch, wenn Sie sich klare ZDF (Zahlen, Daten und Fakten) überlegen würden, anhand derer Sie den Erfolg Ihrer Akquise selbst messen können. Stellen Sie sich zum Beispiel die folgenden Fragen:

- **Woran genau Sie messen, dass der Erfolg eingetreten ist oder**

- **Was genau ist dann anders?**

Typische Messgrößen in der Mandanten Akquise sind zum Beispiel getätigte Anrufe, Anzahl von Vorträgen, veröffentlichte Artikel, Telefonate, Anzahl an Pitches. Und letztlich die Erreichung einer konkreten Umsatzgröße. Wie bereits erwähnt, ist Umsatz nicht selbst initiierbar, insofern eigentlich kein „richtiges „Ziel. Dennoch ist es aus meiner Sicht sehr wichtig, dass Sie sich ein Umsatzziel setzen. Sie programmieren Ihr Unterbewusstsein dadurch auf eine gewisse Zahl und machen sich mit dieser vertraut. Und wir werden - bewusst und auch unbewusst - zu Zielen geleitet, die wir klar vor Augen haben und zu denen wir uns innerlich kommittet haben.

Insofern ist die Wirkung der Definition eines klaren Umsatzzieles nicht von der Hand zu weisen.

Ist Ihr Ziel für Sie attraktiv?

Beispiel:

Rechtsanwalt Friedrich ist gerade dabei, seinen Business Case aufzustellen. Sein Partner unterstützt ihn dabei und lotet mit ihm gemeinsame Slots in der Praxisgruppe aus. Herausgekommen ist dabei, dass Herr Friedrich sich im Energierecht spezialisieren soll. Das Geschäft in diesem Bereich wächst und die Kanzlei möchte hier weitere Ressourcen aufbauen.

Zunächst hat Herr Friedrich auch erfreut dieses Thema an sich genommen. In den letzten Wochen hat er sich vertieft mit dem Markt, seinen Anforderungen, Wettbewerbern und vor allem Mandanten beschäftigt. Insgesamt war er auf sechs verschiedenen Veranstaltungen und hat sich die aktuellen Themen angehört. Er beobachtet zunehmend, dass er träger und demotivierter wird. Die Netzwerkveranstaltungen sind für ihn immer sehr ermüdend. Zunächst hat er gedacht, dass er einfach überarbeitet ist und einfach mal wieder etwas Entspannung braucht. Mittlerweile quält ihn aber der Verdacht, dass der Bereich Energierecht die Müdigkeit bei ihm auslöst. Er findet die Themen und Menschen durchaus sympathisch, aber irgendwie „zündet" es nicht bei ihm. Er könnte in den nächsten Jahren die Themen pflichtbewusst abarbeiten, richtig Spaß wird er dabei aber nicht entwickeln.

Er stellt sich dabei die Frage, wie viel Freude und Spaß er im Job erwarten darf? Ist nicht jedes Rechtsgebiet ein wenig austauschbar? Stellt sich nicht immer irgendwann Routine ein? Herr Friedrich versucht sich den Bereich „schön zu reden", aber irgendwie werden seine Zweifel immer größer.

Die Mandantenakquise wird Sie immer zusätzliche Zeit kosten. Und wie ich bereits erwähnte, wird sich der Erfolg nur selten sofort einstellen – es gilt, dranzubleiben. Erfolg stellt sich meistens nur dann ein, wenn Sie für ein Thema innerlich „brennen" und Ihre Begeisterung und Leidenschaft auch an den Mandanten weitergeben können. Geschäftsaufbau bedeutet für viele Anwälte auch, „aus der eigenen Komfortzone zu treten". Das tun Sie nur dann, wenn es sich lohnt und Sie wirklich ein Ziel erreichen möchten.

Kurz gesagt – Sie brauchen „Herzensenergie und Leidenschaft" für Ihr Akquise Ziel. Ihr Ziel sollte nicht nur logisch und vernünftig sein, Sie sollten dafür „brennen". Im Marketing spricht man hier von dem inneren „Why". Warum ganz genau möchten Sie mit definierten Mandanten Geschäft machen? Warum ganz genau möchten Sie Experte im Bereich xy werden? Und warum ganz genau möchten Sie Unternehmer und Partner sein? Nehmen Sie sich etwas Zeit, sich mit diesen Themen auseinander zu setzen. Manchmal ist es nicht einfach, herauszufinden, was man tatsächlich gerne tun möchte. Vielleicht gehen Sie einfach mal einen Schritt zurück und überlegen genau, was genau Sie an einer juristischen und anwaltlichen Tätigkeit gereizt hat. Haben sich Ihre Vorstellungen und Wünsche erfüllt? Oder ist es sinnvoll, dieses noch einmal auf den Prüfstand zu stellen?

Ist es für Sie möglich, das Ziel zu erreichen?

Beispiel:

Frau Dr. Gustav ist sehr ehrgeizig. Sie hat sich hohe Ziele gesetzt und möchte so schnell wie möglich Partnerin werden. Die Kanzlei ist leider nicht ganz klar, wie hoch genau die Umsatzerwartung an eine Jungpartnerin ist. Manche sprechen von EUR 500.000, andere wieder von EUR 800.000. Sie selbst verfügt aktuell über einen selbst akquirierten Umsatz in Höhe von EUR 100.000. Sie hofft, in dem kommenden Jahr diesen auf mindestens EUR 400.000 steigern zu können. Das mag ein ehrgeiziges Ziel sein, aber dafür ist sie bereit, auch Opfer zu bringen.

In einem Gespräch eröffnet ihr der Partner, dass er trotz Akquisetätigkeit von ihr eine Auslastung von 90% erwartet. Frau Dr. Gustav fällt aus allen Wolken. Wie soll sie bei dieser hohen Arbeitsbelastung noch Zeit für die Akquise investieren können? Sie spricht ihren Partner direkt darauf an, der jedoch nicht bereit ist, von den 90% Auslastung abzulassen.

Wie realistisch ist es für Sie, Ihr Akquise Ziel auch tatsächlich zu erreichen? Seien Sie dabei ehrlich zu sich selbst. Es ist sehr frustrierend, wenn Sie sich Ziele setzen, die Sie einfach nicht erreichen können. Vielleicht, weil Sie noch jung sind, Sie mehr Zeit benötigen oder aber Ihre eigene Marke oder aber die Marke Ihrer Kanzlei (noch) nicht stark und bekannt genug ist. Sie sollten sich ambitionierte Ziele setzen, ansonsten strengt man sich nicht an. Aber realistisch und erreichbar sollten diese trotzdem sein.

Bis wann wollen Sie was ganz genau erreicht haben?

Beispiel:

Dr. Jung ist ein Planungsgenie. Er arbeitet jeden Tag mindestens 10 Stunden und schaffst es dennoch, sich nachhaltig um Geschäftsaufbau zu kümmern. Seine Kollegen sind ein wenig neidisch auf ihn. Wie genau macht er das nur?

Dr. Jung liebt Pläne. Er hat sich genau überlegt, was er im kommenden Jahr gerne erreichen möchte. Da er weiß, dass ihm aufgrund der hohen Arbeitsbelastung immer nur wenige Minuten am Tag bleiben, sich um die Kontaktpflege zu kümmern, hat er seine Akquisemaßnahmen in „kleine und leicht verdauliche Häppchen" unterteilt. Jeden Tag mindestens 15 Minuten Geschäftsentwicklung, so lautet seine Devise. Was genau er dann jeweils in diesen 15 Minuten tut, steht in seinem Kalender.

Manchmal ruft er einen Mandanten an, geht mit jemandem Mittagessen oder besucht abends eine Netzwerkveranstaltung. Für ihn das perfekte Konzept.

Jahresziele können Sie sehr gut mit einer Timeline bearbeiten. Zeichnen Sie einen Zeitstrahl von 12 Monaten und unterteilen diese in jeweils vier Wochen. Machen Sie sich nun Gedanken darüber, was genau Sie in welchem Monat bzw. Woche erreichen möchten (Zwischenziel) bzw. mit welcher konkreten Handlung Sie Ihre Akquise voran bringen möchten.

Natürlich ist dieses System nicht statisch. Sollten Ihnen etwas dazwischenkommen, das Ziel unrealistsich werden oder nicht mehr attraktiv für Sie sein, können Sie dieses jederzeit nach hinten verlegen bzw. korrigieren. „Drücken" Sie sich aber bitte nicht davor, auch klare Daten zu benennen und sich diese zu notieren. Beobachten Sie bitte in regelmäßigen Abständen, ob Sie Ihre Zwischenziele auch erreichen. Wenn dies nicht der Fall ist, dann analysieren Sie, woran genau dieses liegt und was Sie verändern können.

Sehr sinnvoll ist es auch, wenn Sie Ihr Jahresziel schriftlich ausformulieren und sich sichtbar in das Büro hängen. So programmieren Sie Ihr Unbewusstes und geben ein konkretes - schriftliches - Kommitment ab.

Kapitel 6

Business Development in den eigenen Alltag integrieren

Viele von Ihnen sind bis zu diesen Akquise Gedanken sicher auch schon alleine vorgestoßen. Nun kommt für viele Anwälte der vielleicht anspruchsvollste Part. Sie haben viel zu tun und sind sehr gut beschäftigt. Wie genau sollen Sie jetzt noch zusätzlich die Mandanten Akquise in Ihren Alltag einbauen?

Ich stimme Ihnen vollkommen zu, dass diese Frage für viele von Ihnen eine der größten Hürden sein wird, die es zu nehmen gilt. Sie werden gemessen an billable hours und müssen weiterhin performen. Daneben sollen Sie sich noch entspannt und gut gelaunt regelmäßig um Mandanten kümmern, wohlwissend, dass Ihnen Ihre Kanzlei dafür (meistens) keine Stunden gutschreibt und Sie oftmals gar nicht „den Kopf dafür frei haben". Es ist wie es ist und trotzdem muss es einen Weg für Sie geben, das scheinbar Undenkbare in der Praxis umzusetzen. Das setzt voraus, dass Sie über ein gutes Selbst- und Zeitmanagement verfügen. Sie müssen sich zwingend einen regelmäßigen Termin definieren, an dem Sie sich um den Geschäftsaufbau kümmern. Je klarer Sie schon die dafür konkreten kleinen Schritte definiert haben, desto einfacher wird es Ihnen fallen, auch in kleinsten Zeitfenstern täglich Geschäftsaufbau zu betreiben.

Wieviel Zeit sollten Sie für den Geschäftsaufbau investieren?

Diese Frage ist sehr schwer zu beantworten, da jeder von Ihnen sicher an einem anderen Punkt in Sachen Mandantenaufbau steht. Es reicht sicher in den meisten Fällen nicht aus, wenn Sie einmal im Monat für 15 Minuten Business Development betreiben. Ambitionierte Berater würden Ihnen raten, jeden Tag mindestens 15 Minuten in die Mandantenakquisition zu investieren. Grundsätzlich wäre es natürlich sehr schön, wenn Sie trainieren, täglich immer einen kleinen Beitrag zu leisten.

Dieser kann darin bestehen, einen Mandanten anzurufen, mit jemandem Mittagessen zu gehen, einen Kaffee zu trinken oder an einem Artikel zu arbeiten. All das fällt unter – mittelbare – Akquisition. Letztlich bestimmen Sie selbst, wie genau Sie sich Ihren Alltag und Ihre Woche planen. Aus meiner Sicht sollten Sie im Minimum jede Woche mindestens 30-60 Minuten etwas tun, was unmittelbar mit der Geschäftsentwicklung zusammenhängt. Am besten tragen Sie sich einen festen, sich wiederholenden Serientermin in Ihren Kalender ein, der Sie daran erinnert. Es gibt auch Kollegen von Ihnen, die abends nicht eher das Büro verlassen, bis Sie mindestens eine Business Development Aktivität unternommen haben. Wichtig ist es aus meiner Sicht, dass Sie den Spaß daran nicht verlieren, aber trotzdem eine gewisse Disziplin an den Tag legen.

Das Phänomen, sich gerne ablenken zu lassen und immer anderes zu tun zu haben, kennen sicher noch einige von Ihnen aus der früheren Hausarbeiten Situation im Studium. Dennoch sollte es keine Ausrede sein, Geschäftsentwicklung zu umgehen. Wenn Sie Unternehmer werden möchten, dann muss es zu Ihrem täglichen To Do gehören.

Akquise am Stück oder verteilt?

Je nachdem, in welchem Fachgebiet Sie tätig sind, werden Sie dauerhaft ausgelastet sein oder in Wellen arbeiten. Im ersteren Fall haben Sie kaum eine andere Möglichkeit, als jeden Tag oder mehrmals in der Woche „etwas" Akquise zu betreiben.

Sind Sie zum Beispiel in großen Transaktionen involviert, dann werden Sie keine andere Möglichkeit haben, als „am Stück" Geschäft aufzubauen und sich um die Mandanten zu kümmern. Und zwar genau zu dem Zeitpunkt, wo kein aktuelles arbeitsintensives Mandat auf Ihrem Schreibtisch liegt, das Sie bis zum Anschlag fordert. Insgesamt ist aber festzuhalten, dass - wie auch im Ausdauertraining - es darum geht, immer wieder etwas zu tun. Mandanten möchten „umworben" werden. Insofern ist es erfolgreicher, lieber öfter kleine Akquise

Bemühungen walten zu lassen, als einmal am Stück zu arbeiten.

Grundlagen für ein gutes Selbst- und Zeitmanagement

Dieses Thema ist zu wichtig und auch komplex, um es in wenigen Sätzen auf den Punkt zu bringen. Fast jeder meiner anwaltlichen Kunden sieht bei sich Verbesserungsbedarf im Selbst- und Zeitmanagement. Dennoch gebe ich Ihnen gerne einige grundlegende praktische Tipps:

- **Stellen Sie fest, welcher Zeittyp Sie sind und was genau in Ihr persönliches Konzept passt**

- **Stellen Sie sich vor, Sie hätten ein perfektes Selbst- und Zeitmanagement - was genau wäre dann anders?**

- **Räumen Sie einmal auf und definieren Ihre täglichen, wöchentlichen, monatlichen und nicht planbaren Aufgaben und sortieren diese in ein System ein**

- **Überlegen Sie genau, wie Sie mit Ihrer täglichen Zeit umgehen - wieviel planbare, aber auch nicht planbare Zeit möchten Sie berücksichtigen?**

- **Differenzieren Sie nach A, B und C Aufgaben und überprüfen Sie bei neu hinzukommenden Themen immer wieder die Relvanz**

- Versuchen Sie, so viel wie möglich zu delegieren

- Überlegen Sie genau, wieviel Zeit Sie in welche Aufgabe investieren möchten

- Legen Sie die Aufgaben so, dass Sie mit Ihrem persönlichen Biorhythmus vereinbar sind, dann geben Ihnen die Aufgaben besser von der Hand

- Reflektieren Sie immer wieder Ihre Zeitfresser und überlegen Sie, wo genau Sie Zeit verlieren bzw. einsparen könnten

- Versuchen Sie, störungsfreie Zonen einzurichten und „am Stück" zu arbeiten

- Eine fünfminütige Planung des Tages bringt eine tägliche Zeitersparnis von ca. einer Stunde

- Delegieren Sie Aufgaben, wenn möglich

- Überlegen Sie sich, wie schnell Sie einem Mandanten antworten müssen und machen Sie regelmäßig Pausen, um wieder neue Energie zu tanken.

Umgang mit Absagen und Sackgassen

Beispiel:

Dr. Nann ist total frustriert. Er hatte sich fest vorgenom-

men, in den letzten Wochen vermehrt Veranstaltungen zu besuchen, Kontakt zu potentiellen Mandanten aufzubauen und zu versuchen, neues Geschäft zu akquirieren. Von wahrscheinlich 20 wirklich guten Gesprächen, ist nicht eines in einem Mandat gemündet. Von allen Gesprächspartnern hat er eine freundliche, aber durchaus klare Absage erhalten.

Er bemerkt, dass diese Ablehnung sein Selbstwert deutlich angreifen. Er fühlt sich nicht gut dabei und kann Beruf und Person nicht wirklich voneinander trennen. Wie soll das auch möglich sein, er als Person ist ja quasi das Produkt.

So sehr Sie sich auch bemühen, Sie werden hin und wieder ganz sicher Absagen von Mandanten erhalten. Daran geht kein Weg dran vorbei. Sie befinden Sie in einem kompetitiven Umfeld bzw. Verdrängungswettbewerb und die wenigsten Mandanten werden auf Sie warten. Das mag keine angenehme Nachricht sein, aber eine realistische Einschätzung. Insofern sollten Sie sich überlegen, wie Sie mit einer Absage umgehen. Viele Anwälte nehmen ein „Nein" des Mandanten sehr persönlich und fühlen sich als Mensch zurückgewiesen. Das ist sehr verständlich, da jeder Berater als Person seine eigene Marke bzw. sein Produkt ist. Das ist der Nachteil der Marke „ICH". Da hilft nur eines – Sie müssen Ihre Privatperson von der Geschäftsperson lernen zu unterscheiden.

Das ist sicher nicht immer ganz einfach, da viele von Ihnen die meiste Zeit des „Wachzustandes" in der Kanzlei verbringen und abends kaum noch Zeit finden, sich in eine private Rolle zu begeben. Dennoch finde ich es sehr hilfreich, diese Unterscheidung vorzunehmen und das zu trainieren. Damit ist keinesfalls gemeint, dass Sie „nur eine berufliche Rolle" spielen sollen. Authentizität und emotionale Berührbarkeit ist auch im Geschäftsleben sehr wichtig. Vielleicht gelingt es Ihnen aber, ein mögliches NEIN des Mandanten nur als Absage gegen den Berufsträger in Ihnen und nicht als Absage an Ihre Person zu nehmen.

Ziehen Sie sich einen Businessmantel an und lassen Sie Absagen daran abprallen

Stellen Sie sich bitte einmal das folgende Bild vor: Sie wachen morgens auf und sind Privatperson. Sie leben mit einem Partner, Kindern oder Tieren zusammen und sind verletzbar. Sie zeigen Ihren Liebsten Ihre Schwächen und berichten über Ihre Empfindungen. Hier ist alles erlaubt zu teilen. Schwächen werden nicht ausgenutzt.

Nun machen Sie sich auf in die Kanzlei. Um sich für den beruflichen Alltag gut zu rüsten und allen Anforderungen und Situationen gut vorbereitet entgegentreten zu können, begeben Sie sich in eine geschäftliche Rolle. Das bedeutet keinesfalls, dass Sie jetzt nicht mehr „Sie selbst" sind oder etwas spielen müssen. Es ist aber gut, sich etwas abzugrenzen, um einige Dinge, Themen und Ereignisse nicht zu nah an sich heran kommen zu lassen. Sicher können Sie viel aushalten und sind es gewohnt, mit Druck, Stress und Enttäuschung umzugehen. Entscheidungen lassen sich manchmal aber besser fällen, wenn man zu dem Thema einen gewissen Abstand einnimmt und nicht zu viel Emotion hinein steckt.

Mit diesem „Businessmantel" gehen Sie jetzt auch auf Mandanten zu und loten die Möglichkeiten aus, weiteres Geschäft miteinander zu machen. Sollte der Gesprächspartner dieses verneinen, so „prallt" dieses direkt an Ihrem Businessmantel an. Es ist wichtig, dass Sie Ihr Selbstwertgefühl nicht davon abhängig machen, wie ein Mandant mit Ihnen umgeht. Wichtig ist es, immer mit der eigenen Stärke verbunden zu sein.

Beispiel:

Herr Klamm nimmt Kritik und Absagen auch beruflich immer sehr schnell persönlich. Nach einer Kritik, auch wenn Sie berechtigt ist, braucht er mehrere Tage, um sich wieder stark und gut zu fühlen. Ihn ärgert es selber, dass andere so viel Macht über ihn haben und er es zuläßt, dass Menschen ihn so tief verletzen können.

Genau dieses Wissen und Gefühl hindert ihn auch daran, Mandanten anzusprechen und Geschäft zu akquirieren. Er ist erfahren genug um einschätzen zu können, dass er viele „Neins" bekommen wird. Gar nicht aus der Motivation heraus, dass er nicht überzeugend ist. Vielmehr sind die meisten Mandanten in guten Beraterhänden.

Er hat lange überlegt, wie er sein Verhalten verändern kann und sich folgendes Ritual zurecht gelegt. Bevor er morgens in die Kanzlei fährt, bindet er sich seine Business Armbanduhr um. Er hat sich ein Modell gekauft, dass für ihn die Attribute verkörpern, die er als Anwalt an den Tag legen möchte. Professionell, präzise, stark und etwas kantig. Diese Armbanduhr gibt ihm ein Gefühl der Stärke und in brenzligen Situationen beobachtet er oft, dass er unbewusst seine Uhr berührt und sich Halt holt. Das mag für Außenstehende absolut lächerlich klingen, ihm hilft es aber.

Wenn er abends aus der Kanzlei nach Hause kommt, legt er diese Uhr ganz bewusst ab und wechselt in die Rolle der Privatperson. Seitdem Herr Klamm dieses Ritual für sich anwendet, fällt es ihm sehr viel leichter, Mandanten anzusprechen.

Kapitel 7

Die Kanzleipolitik beachten und sich neben dem (Leit-) Partner positionieren

Es wäre alles so einfach, wenn das ganze Thema „Unternehmenspolitik" nicht wäre. Um es klar zu formulieren – der stärkste Business Case und Umsatz wird Ihnen nicht zur Partnerschaft verhelfen, wenn Sie nicht gewollt sind und die Kanzlei entschieden hat, dass Sie nicht in die Kultur passen. Diese Erkenntnis mag den einen oder anderen Associate erschüttern, aber persönliche Präferenzen spielen auch in diesem Verfahren durchaus eine wichtige Rolle, dass kann sicher keine Kanzlei so ganz von sich weisen. Viele Kanzleien bemühen sich, Karriereprozesse und entsprechende Entscheidungen transparent zu gestalten und führen Teile von ACs (Assessment Center) ein.

Jedoch führen aus diese Prozesse nicht immer dazu, dass die Entscheidung nachvollziehbar ist. Es ist nicht von der Hand zu weisen, dass persönliche Präferenzen des jeweiligen Partners mitschwingen.

Durchaus interessant ist es, dass ein hoher Umsatz

heutzutage nicht automatisch zur Partnerschaft führen muss. Es gbt Kanzleien, die andere Kriterien wie Teamfähigkeit, Kommunikationsfähigkeit, Mandantenorientierung mit bewerten und bei einem krassen Mißverhältnis zwischen Business Case und sonstigen Schlüsselqualifikationen sich gegen den Kandidaten entscheiden.

Der „Nasenfaktor"

Beispiel:

Rechtsanwältin Tatze ist seit einigen Jahren in einer Frankfurter Kanzlei beschäftigt. Ihr Partner und auch Mentor hat ihr bislang das Gefühl gegeben, dass die Kanzlei sehr daran interessiert ist, sie in den Partnerstatus hinein zu entwickeln.

Nun ist vor einigen Wochen ein neuer Partner hinzugekommen, der ihren Vorgesetzten durchaus beeinflust. Der neue Partner Dr. Lenz scheint mit Frauenförderung wenig „am Hut" zu haben. In seiner alten Kanzlei gab es keinen einzigen weiblichen Partner. Nach außen verhält er sich korrekt, Frau Tatze sind aber mittlerweile Geschichten zugetragen worden, die sie kaum glauben kann. Dr. Lenz scheint keinesfalls so offen zu sein, wie er sich immer gibt. Einem Kollegen soll er nach einigen Gläsern Wein auf einem Fest gestanden haben, dass er Frauen als Partner nicht wirklich sieht. Zu groß sei der Balanceakt der Frauen zwischen Privat- und Berufsleben, gerade wenn eine Familienplanung anstehen würde. Stress für alle Seiten und unrealistsche

Erwartungshaltungen aneinander, so fasst er das Ganze zusammen.

Und in der Tat ist es so, dass Dr. Lenz den Chef von Frau Tatze zu beeinflussen scheint. Sie ist sich mittlerweile gar nicht mehr sicher, ob sie noch für den nächsten Partnerslot vorgesehen ist oder aber ihr neuer männlicher Kollege Herr Kor, der mit Dr. Lenz in das Team gewechselt ist. Herr Kor hat allerdings nur ein Bruchteil des eigen akquirierten Umsatzes, über den Frau Tatze verfügt. Auch wird ihm immer wieder das Feedback gegeben, dass er an seiner Kommunikation mit Mandanten arbeiten sollte. Dennoch, Frau Tatze kann nicht mehr leugnen, dass es eine Veränderung gibt.

Passt Ihre Nase in der Kanzlei bzw. kann man Sie gut riechen? Überprüfen Sie für sich ernsthaft, ob die Kanzlei auf Sie setzt. Ich kann sehr gut nachvollziehen, dass es eine sehr schmerzliche Erkenntnis ist, nach jahrelanger guter Arbeit zu dem Fazit zu gelangen, dass die Kanzlei mit Ihnen nicht weiter plant. Aber das ist der Deal. Einige meiner Kunden wissen bereits, dass Ihre Nase nicht passt und versuchen dennoch, es passend zu machen. Wie erfolgreich das Ganze ist, kann auch ich nicht vorweg beantworten.

Es mag durchaus sein, dass die Entscheider in einer Kanzlei auch hin und wieder ihre eigene Meinung überdenken und revidieren. Ich persönlich würde Ihnen den Rat geben, sich schnell um den Aufbau eigenen Geschäfts zu kümmern (zumindest dann, wenn Sie Partner werden möchten) und parallel zu überprüfen, ob Sie zu der Kanzleikultur passen, ob man „auf Sie setzt". Es ist nicht immer einfach, das herauszufinden.

Nur selten wird das klare Feedback an Anwälte gegeben, dass es für sie – trotz interessantem Business Case – nicht weitergeht.

Mit dem Partner gemeinsam denken

Beispiel:

Dr. Walz ist seit 15 Jahren Praxisgruppenleiter in einer Münchner Kanzlei. Sein Bereich besteht aus 10 Associates und er hat in den letzten Jahren einen Partner neben sich ernannt. Nun steht die Entscheidung an, ob auch Frau Dr. Voss Partnerin in seinem Bereich werden soll. Er schätzt sie sehr und hält große Stücke auf sie. Eine hoch qualifizierte, serviceorientierte und umsatzstarke Anwältin. Dr. Walz ist der festen Meinung, dass sie es ganz weit bringen kann und eines Tages vielleicht auch ihn als Praxisgruppenleiter ablösen wird.

Nun geht es darum, sein Votum in der Kanzlei abzugeben. Eigentlich kann er gar nicht anders, als zuzustimmen. Wenn er allerdings ganz ehrlich zu sich selbst ist, hegt er auch eine gewisse Befürchtung. Er hat etwa „Angst", dass Frau Dr. Voss ihm den „Rang ablaufen" könnte. Schon öfter hat er in den letzten Zeit festgestellt, dass einige seiner Mandanten ausdrücklich nach ihr fragen und mit Frau Dr. Voss das Mandat bearbeiten möchten. Auf der einen Seite freut er sich sehr für sie, aber es gibt da auch ein anderen Gefühl. Er fühlt sich in seiner Eitelkeit verletzt und nicht wertgeschätzt. Wie wird das erst sein, wenn sie Partnerin ist? Wieviel seines Umsatzes wird Sie ihm nehmen?

Der Partner hat sie groß gemacht und entwickelt. Nun möchten Sie Ihren eigenen Weg gehen und sich gegebenenfalls neben ihm in der Kanzlei platzieren. Möglicherweise überschneidet sich Ihr Geschäfte auch in einigen Teilen. Kein Wunder also, dass Ihr Partner genau beobachtet, wie Sie vorgehen, um eigenes Geschäft aufzubauen.

Kein Partner würde es jemals aussprechen, aber auch die Seniorität, Erfahrung und das Alter schützt keinen davor, eine gewisse Skepsis und Angst zu entwickeln. Angst davor, dass der „junge, nachfolgende" Partner Geschäft wegnehmen könnte oder aber besser bei dem ein oder anderen Mandanten ankommt und dieser nun lieber mit dem Junior, und nicht Senior Partner, arbeiten möchte. Nehmen Sie den Partner Ihrer Praxisgruppe „mit ins Boot". Geben Sie ihm das Gefühl, dass Sie Geschäft für beide erweitern möchten und auch er etwas davon hat. Ich bin mir durchaus darüber bewusst, dass dieses nicht bei jedem Partner klappen wird, dennoch würde ich diesen Weg konsequent verfolgen und eine win-win Situation erarbeiten.

Die eigene Rolle reflektieren

Sie möchten Unternehmer sein? Dann ist es wichtig, in diese Rolle auch zu schlüpfen. Trainieren Sie konsequent – neben der Rolle des Experten – auch die neue Aufgabe. Überprüfen Sie, ob Sie so auch von der Kanzlei wahrgenommen werden oder was Sie noch verändern sollten. Die Rollenerweiterung muss nicht nur innerlich von Ihnen gefühlt werden, auch Ihr Partner und die anderen Entscheidungsträger in der Kanzlei müssen das Gefühl haben, dass Sie „reif" sind, diese auszufüllen. Dabei wird es nicht nur darum gehen, eigenen Umsatz zu generieren, sondern auch weitere unternehmerische Eigenschaften an den Tag zu legen, die ich in einem anderen Buch beschreiben werde, das sich mit dem Thema Partnerwerdung beschäftigt. Ein gewisses „Selbstmarketing" ist daher durchaus sinnvoll und erforderlich.

Lieber Leser, ich hoffe, ich konnte Ihnen in diesem Buch die ein oder andere interessante Idee zur Geschäftsentwicklung mitgeben. Wenn Sie möchten, freue ich mich auf eine Vernetzung in den üblichen Social Media Kanälen. Schauen Sie auch gerne einmal in meinen Blog unter www.carmenschoen.de vorbei. Ich wünsche Ihnen viel Erfolg beim Geschäftsaufbau!

Ihre Carmen Schön

Welche Anregungen möchten Sie aus diesem Buch für sich mitnehmen?

Wie lauten Ihre nächsten Akquise Schritte, um neuen Mandanten zu gewinen?

Woran genau messen Sie, dass Ihre Akquise erfolgreich ist?